Jakob Böhme
Von der neuen
Wiedergeburt

Insel Clip

13

Wiedergeburt, die Chance einer neuen Existenz, vielleicht auch das Erwachen auf einem andern Stern, es ist die Sehnsucht vieler. Aber muß man erst die Schwelle dieser irdischen Verkörperung überschreiten, um eines neuen Seins teilhaftig zu werden? Mit dieser Frage gibt sich Jakob Böhme – er lebte von 1575 bis 1624 – erst gar nicht ab. Ihm wurde zur Gewißheit:

Wiedergeburt ist hier und jetzt möglich. Wiedergeburt ist das Resultat eines spirituellen Prozesses. Niemand ist von ihm ausgeschlossen. Er selbst hat ihn erlebt. Er, ein einfacher Schuhmacher, zugleich ein von tiefen Einsichten in die Geheimnisgründe von Gott, Kosmos und Menschheit erfüllter Sucher, durchlief auf eine individuelle Weise diesen Prozeß einer Transformation. Sie hat sein Bewußtsein grundlegend verändert, erweitert und seinem Leben eine neue Richtung gegeben. Der Seher wurde zu einem Schriftsteller von großer geistiger Strahlkraft.

In kritischer Haltung gegenüber einer in Meinungsstreit und theologischer Rechthaberei verhafteten »Mauerkirche« fand er einen inneren, von äußeren Institutionen und Autoritäten unabhängigen Weg zu Christus. Hierin liegt wohl ein wichtiger aktueller Bezug von Böhmes Erkenntnis.

Wenn Böhme von Wiedergeburt spricht, dann geht er von einem Menschenbild aus, nach dem der Mensch seine Ursprünglichkeit verloren hat. Als »Sünder« lebt er in tragischer Gottferne. Das Paradies einer urbildlichen Harmonie ist ihm verschlossen. Als »alter Adam« ist er der Sterblichkeit unterworfen. Doch es gibt für ihn eine Teilhabe an dem neuen Sein, das Christus als der »neue Adam« verkörpert. Ihm kann sich der suchende, strebende Mensch anschließen. Während eine in äußeren Konventionen verharrende Kirchlichkeit sich vielfach damit begnügt, ihre Mitglieder auf bloße Formeln und Riten zu verpflichten, geht es dem Mystiker, der Mystikerin darum, sich in Meditation und Kontemplation (innere Betrachtung) Gott zuzuwenden. Hiervon spricht auch das Büchlein »von wahrer Buße«. Schließlich kommt es zu einem Gespräch zwischen dem spirituellen Meister und seinem Schüler. Nicht ein Vielerlei der Worte und Lehren tuts, sondern ein Stillewerden in Erwartung des göttlichen Geistes. Daher Böhmes Wort:

»Gott hat sein Herze mit seinem Leben in uns gesandt, darinnen alles stehet geschrieben. Wer das Buch in sich lieset, ist gelehrt genug. Das andere ist Babel und Fabel, daß einer will im Buchstaben außer ihm gelehrt sein« (II. Schutzschrift 304).

Wer am Werk von Jakob Böhme weiterlesen möchte, sei auf seine Schriften verwiesen, die im Insel Verlag erscheinen.

Jakob Böhme
Von der neuen Wiedergeburt

Herausgegeben
von Gerhard Wehr

Insel Verlag

Insel-Clip 13
Erste Auflage 1995

Vertrieb durch den Suhrkamp Taschenbuch Verlag
Umschlag von Hermann Michels
Satz: Hümmer GmbH, Waldbüttelbrunn
Druck: Ebner Ulm
Printed in Germany

1 2 3 4 5 6 – 00 99 98 97 96 95

Inhalt

Von der neuen Wiedergeburt

Das ist: Wie sich ein Mensch, dem die Seligkeit ernst ist, durch Christi Geist aus dem verwirrten und zänkischen Babylon müsse herausführen lassen, auf daß er in Christi Geist neu geboren werde und ihm allein lebe.

Vorrede des Autors

Wiewohl ich dieses in meinen anderen gar tiefen Schriften genügsam erkläret und aus dem Grunde dargestellet habe, jeder aber solche nicht in Händen hat, auch jedermanns Begriff nicht ist zu verstehen, als habe ich den einfältigen Kindern Christi zu Dienste und auf Begehren guter Freunde eine kurze Zusammenfassung von der neuen Wiedergeburt geschrieben, damit sich jemand dadurch wollte lernen erkennen.

2. Wer aber den tiefen Grund, daraus dieses fließt, begehret zu forschen und die Gabe zum Verstand hat, der lese das Buch vom »Dreifachen Leben des Menschen«, auch die drei Bücher von der Menschwerdung und Geburt Jesu Christi, desgleichen das Buch von »Sechs Punkten«, vom »Mysterium Magnum«, von den drei Welten, wie sie ineinander stehen als eine, machen aber drei Prinzipien, das ist drei Geburten oder Anfänge etc. auch das Buch »De tribus Principiis«. Allda findet er, wonach er fragen mag, so hoch sich ein Gemüte des Menschen schwingen kann, so wohl in den »Vierzig Fragen von der Seelen«.

3. Dieses nun habe ich den hungerigen und durstigen Herzen nach Christi Brünnlein, als meinen Mitgliedern im Geist Christi geschrieben. Den Spöttern aber habe ich nichts geschrieben; denn sie haben ihr Buch in sich, damit sie die Kinder Christi unters Kreuz treiben und müssen über ihren Willen der Kinder Christi Diener sein, ob sie gleich das nicht verstehen.

Das I. Kapitel

Christus spricht: Es sei denn, daß ihr umkehret und werdet wie die Kinder, sonst sollt ihr das Reich Gottes nicht sehen, Matth. 18,3. Und abermal saget er zu Nikodemus: Es sei denn, daß jemand neu geboren werde aus dem Wasser und Geist, sonst kann er nicht in das Reich Gottes kommen; denn was vom Fleisch geboren ist, das ist Fleisch, und was vom Geist geboren ist, das ist Geist, Joh. 3,5.6. Die Schrift bezeuget klar, daß der fleischliche, natürliche Mensch nichts vom Geiste Gottes vernimmt. Es ist ihm eine Torheit und kanns nicht begreifen.

2. So aber nun alle Fleisch und Blut haben, dazu sterblich sind, wie man sieht und gleichwohl die Schrift saget, daß wir auch Tempel des Hl. Geistes sind, der in uns wohnet, I. Kor. 6,19; und daß das Reich Gottes inwendig in uns sei, Luk. 17,21, ja daß Christus in uns müsse eine Gestalt gewinnen, Gal. 4,19, auch daß er uns wolle sein Fleisch zu einer Speise geben und sein Blut zu einem Trank, und sagt weiter: Wer nicht essen werde das Fleisch des Menschensohnes, der habe kein Leben in ihm, Joh. 6,5.3; so müssen wir ja mit Ernst betrachten, was für ein

Mensch in uns sei; der der Gottheit ähnlich und fähig sei.

3. Denn von dem sterblichen Fleisch, das zu Erden wird und in der Eitelkeit dieser Welt lebet, auch stets wider Gott lüstert, kann nicht gesagt werden, daß es der Tempel des Hl. Geistes sei, viel weniger, daß die neue Wiedergeburt in diesem irdischen Fleisch geschehe, zumal es stirbet und verweset, dazu ein stetes Sündenhaus ist.

4. So aber dann gleichwohl wahr bleibet, daß ein rechter Christ aus Christo geboren wird, und daß die neue Wiedergeburt ein Tempel des Hl. Geistes sei, der in uns wohnet, und daß allein der neue Mensch aus Christo geboren, das Fleisch und Blut Christi genieße; so ist nicht so ein schlecht Ding, ein Christ zu sein. Und steht das Christentum nicht in der Historia, daß wirs nur wissen und das Wissen uns zueignen, daß wir nur sagen, Christus ist für uns gestorben und hat den Tod in uns zerbrochen und zum Leben gemacht. Er hat für uns die Schuld bezahlet. Wir dürfen uns dessen nur trösten und festiglich glauben, daß es geschehen sei.

5. Denn wir befinden in uns, daß die Sünde im Fleische lebendig, begierig und tätig ist, daß sie wirket. So muß nun die neue Wiedergeburt aus Christo ein anders sein, das nicht in dem Sündenfleische mitwirke, das der Sünden nicht will.

6. Denn St. Paulus sagt, daß an denen, die in Christo Jesu sind, nichts Verdammliches sei, Röm. 8,1. Und weiter: Sollten wir, die wir Christen sind, noch als Sünder erfunden werden? Das sei ferne, Gal. 2,17, wenn wir der Sünden abgestorben sind in Christo. Auch ist der Mensch der Sünden nicht ein Tempel des

Hl. Geistes. Und ist doch kein Mensch, der nicht sündige; denn die Schrift sagt: Gott hat alles unter die Sünde beschlossen, Röm. 11,32. Desgleichen, vor dir ist kein Lebendiger gerecht, so du willst Sünde zumessen, Ps. 143,2. Der Gerechte fällt des Tages siebenmal, 24,16 Sprüche Salomos, da doch nicht mag verstanden werden, daß der Gerechte falle und sündige, sondern der Sterbliche und Sündige.

7. Denn eines Christen Gerechtigkeit ist in Christo, der kann nicht sündigen; denn St. Paulus sagt: Unser Wandel ist im Himmel, von woher wir warten des Heilandes Jesu Christi, Phil. 3,20. Ist nun unser Wandel im Himmel, so muß der Himmel in uns sein. Christus wohnet im Himmel. So wir nun sein Tempel sind, so muß derselbe Himmel in uns sein.

8. So uns aber gleichwohl die Sünde in uns anficht, in welcher der Teufel einen Zutritt zu uns und in uns hat, so muß auch die Hölle in uns sein, denn der Teufel wohnet in der Höllen. Und wo er dann immer ist, so ist er in der Höllen und mag daraus nicht kommen. Und ob er gleich einen Menschen besäße, so wohnet er doch im Menschen, in der Höllen, nämlich in Gottes Zorne.

9. Jetzt ist uns der Mensch recht zu betrachten, was und wie er sei. Und daß ein rechter Christ nicht nur ein historischer neuer Mensch sei, daß es an dem genug sei, daß wir Christum bekennen und glauben, daß er Gottes Sohn sei und habe für uns bezahlet. Denn es gilt nicht eine von außen zugerechnete Gerechtigkeit, daß wirs nur glauben, es sei geschehen, sondern eine ingeborne, eine kindliche. Gleichwie das Fleisch sterben muß, also muß auch das Leben und der Wille der Sünden sterben und muß werden wie ein Kind, das

nichts weiß und ächzet allein nach der Mutter, die es geboren hat. Also ganz muß eines Christen Wille wieder in die Mutter, als in Geist Christi eingehen und in der Selbheit des Selbwollens und Vermögens ein Kind werden, da der Wille und Begierde nur in die Mutter gerichtet sei und muß aus dem Geiste Christi ein neuer Wille und Gehorsam in der Gerechtigkeit aus dem Tode aufstehen, der nicht mehr der Sünden will.

10. Denn der Wille, der die Eitelkeit in sich lässet und der begehret, ist nicht neugeboren. Und so doch gleichwohl in den Neugebornen ein Wille bleibt, der sich nach der Vergänglichkeit sehnet und sündigt, so ist uns des Menschen Bild recht zu betrachten, wie die neue Wiedergeburt geschehe, dieweil sie nicht im sterblichen Fleische geschieht und doch auch wahrhaftig in uns in Fleisch und Blut, in Wasser und Geist geschieht, wie die Schrift (Joh. 3,5) sagt.

11. So müssen wir recht betrachten, was für ein Mensch in uns sei, der Christi Gliedmaß und ein Tempel Gottes sei, der im Himmel wohne; und dann auch, was das für ein Mensch sei, der nur in der äußeren Welt wohne, und was das für ein Mensch sei, den der Teufel regiere und treibe. Denn den Tempel Christi kann er nicht regieren und treiben, so ist ihm an dem sterblichen Fleisch auch nichts gelegen, und sind doch nicht drei Menschen ineinander, sondern nur ein einiger.

12. So wir nun solches wollen betrachten, so müssen wir Zeit und Ewigkeit betrachten, wie diese ineinander sind, dazu Licht und Finsternis, Gutes und Böses, sonderlich aber des Menschen Urstand und Herkommen.

13. Dieses ist nun also zu betrachten: Wir sehen an die äußere Welt mit Sternen und vier Elementen, darinnen der Mensch und alle Kreaturen leben. Die ist und heißet nicht Gott. Gott wohnet wohl darinnen, aber der äußern Welt Wesen begreift ihn nicht. Auch so sehen wir, wie das Licht in der Finsternis scheinet, und die Finsternis begreift nicht das Licht (Joh. 1,5), und wohnet doch eines im andern. Auch so haben wir dessen ein Exempel an den vier Elementen, welche in ihrem Urstande nur ein Element sind, und das weder heiß noch kalt, weder trocken noch naß ist, und teilt sich doch mit der Bewegung in vier Eigenschaften, als in Feuer, Luft, Wasser und Erde.

14. Wer wollte glauben, daß das Feuer ein Wasser gebäre? und daß des Feuers Urstand könnte im Wasser sein, wenn wir das nicht im Wetterleuchten mit Augen sähen, und auch in den Lebendigen zu befinden, daß das essentialische Feuer im Corpore, im Blut wohnet, und daß das Blut seine Mutter sei und das Feuer des Bluts Vater sei.

15. Wie nun Gott in der Welt wohnet und alles erfüllet und doch nichts besitzet, und das Feuer im Wasser wohnet und das nicht besitzt, und wie das Licht in der Finsternis wohnet und die Finsternis doch nicht besitzet, der Tag in der Nacht und die Nacht im Tage, die Zeit in der Ewigkeit und die Ewigkeit in der Zeit – also auch ist der Mensch geschaffen.

Er ist nach der äußern Menschheit die Zeit und in der Zeit, und die Zeit ist die äußere Welt. Das ist auch der äußere Mensch. Und der innere Mensch ist die Ewigkeit und die geistliche Zeit und Welt, welche auch steht in Licht und Finsternis, nämlich in Gottes Liebe nach dem ewigen Licht, und in Gottes Zorn nach der ewigen Finsternis. Welches in ihm offenbar ist, darinnen wohnet sein Geist, entweder in der Finsternis oder im Lichte. Es ist beides in ihm, das Licht und die Finsternis. Ein jedes wohnet in sich selber; keines besitzet das andere.

16. Aber so eines in das andere eingehet und das andere besitzen will, so verlieret das andere sein Recht und Gewalt. Das Leidende verliert seine Gewalt; denn so das Licht in der Finsternis offenbar wird, so verlieret die Finsternis ihre Finsterheit und wird nicht erkannt. Also auch hinwieder: So die Finsternis im Lichte aufgehet und die Gewalt bekommt, so erlischt das Licht mit seiner Gewalt.

17. Ein solches ist uns auch im Menschen zu bedenken: Die ewige Finsternis in der Seelen ist die Hölle, das ist eine Angst-Qual, welche Gottes Zorn heißet, und das ewige Licht in der Seelen ist das Himmelreich, da die feurische, finstere Angst in eine Freude verwandelt wird.

18. Denn gleichwie die Natur der Angst in der Finsternis eine Ursach der Traurigkeit ist, also ist sie im Lichte eine Ursache der erheblichen und beweglichen Freude. Denn die Beweglichkeit im Lichte und die Qual in der Finsternis ist nur ein einige Qual, nur eine Natur, wie das Feuer und Licht nur eine Natur sind und eben aber einen gewaltigen Unterschied in der Qual. Eines wohnet im andern und gebiert das andere und ist doch nicht das andere. Das Feuer ist strafend und verzehrlich, und das Licht ist gebend, freundlich, kräftig und freudenreich, eine liebliche Wonne.

19. Und also ist uns auch der Mensch zu betrachten: Er stehet und lebet in drei Welten; die eine ist die ewige finstere Welt, als das Centrum der ewigen Natur, wel-

che das Feuer gebieret, als die Angst-Qual; und die ander ist die ewige Licht-Welt, welche die ewige Freude gebieret und das göttliche Wohnhaus ist, darinnen der Geist Gottes wohnet, darinnen der Geist Christi menschlich Wesen annimmt und die Finsternis vertreibet, daß sie muß eine Ursache der Freuden im Geiste Christi im Lichte sein. Die dritte Welt ist die äußere sichtbare in den vier Elementen und dem sichtbaren Gestirne, wiewohl jedes Element ein Gestirne nach seiner Eigenschaft in sich hat, davon die Begierlichkeit und Eigenschaft entstehet gleich einem Gemüte.

20. Also versteht: Das Feuer im Lichte ist ein Liebe-Feuer, eine Begierde der Sanftmut und Freudenreich; und das Feuer in der Finsternis ist ein Angst-Feuer und ist peinlich, feindlich und in der Essenz widerwärtig. Das Feuer des Lichts ist ein guter Geschmack; und der Geschmack in der Essenz der Finsternis ist ganz widerwärtig und feindlich; denn die Gestalten zum Feuer stehen alle in der größesten Angst.

Das 2. Kapitel

Allhie ist uns nun zu betrachten, wie der Mensch geschaffen sei. Moses sagt recht: Gott schuf den Menschen ihm zum Bilde, ja zum Bilde Gottes schuf er ihn, Gen. 1,27. Das verstehen wir aus der ewigen und zeitlichen Geburt, aus der innern geistlichen Welt, welche er ihm in das geschaffene äußere Bild einblies und dann aus der innern geistlichen Welt Wesen, welches heilig ist.

2. Denn gleichwie in der äußern Welt eine Natur

und Wesen ist, also auch ist in der innern geistlichen Welt eine Natur und Wesen, welches geistlich ist, aus welchem die äußere Welt ausgehauchet und aus Licht und Finsternis erboren und in einen Anfang und Zeit geschaffen worden ist. Und aus der innern und äußern Welt Wesen ward der Mensch in ein Gleichnis nach der Geburt und aus der Geburt aller Wesen geschaffen. Der Leib ist ein Limbus (das reinste Wesen der Erde, der Urstoff) der Erden und auch ein Limbus (Limus) des himmlischen Wesens; denn die Erde ist aus der Finster- und Licht-Welt ausgehauchet oder gesprochen worden. Aus der ist der Mensch, im Verbo Fiat (im Wort: Es geschehe, es werde!), als in der ewigen Begierde in ein Bild gefasset und geschaffen worden, aus Zeit und Ewigkeit.

3. Dieses Bild war im innern und geistlichen Element, daraus die vier Elementa ausgehen und erboren sind. In einigen Elementen war das Paradies; denn die Eigenschaften der Natur, aus der Feuer-Finster- und Licht-Welt waren alle in gleicher Übereinstimmung, Masse und Gewichte. Keines war dem andern in Sonderheit offenbar. Also war auch keine Zerbrechlichkeit darinnen; denn eine Eigenschaft besiegte die andere nicht. Es war kein Streit noch Widerwille zwischen den Kräften und Eigenschaften.

4. In dieses geschaffene Bild blies Gott den Geist und Odem des Verstandes aus allen dreien Welten ein als in eine einige Seele, welche in der innern Finster- und Feuerwelt der ewigen geistlichen Natur ist, danach sich Gott einen starken eiferigen Gott und ein verzehrend Feuer nennet.

5. Das ist nun die ewige kreatürliche, große Seele, ein magischer Feuer-Odem, in welcher das Feuer des

Lebens Urstand ist, aus der großen Macht der Verwandlung. In dieser Eigenschaft ist Gottes Zorn, sowohl die ewige Finsternis, sofern das Feuer kein Licht gibt.

6. Die andere Eigenschaft des Odems Gottes ist der Quell-Geist des Lichtes aus der großen Liebe-Begierde, aus der großen Sanftmut, nach welchem sich Gott einen lieben, barmherzigen Gott heißet, in welchem der wahre Geist des Verstandes und Lebens in der Kraft stehet.

7. Denn gleichwie aus jedem Feuer ein Licht scheinet und im Licht die Kraft des Verstandes erkannt wird, also ist dem Feuerodem Gottes der Licht-Odem angehangen und dem Menschenbilde eingeblasen worden.

8. Die dritte Eigenschaft des Odems Gottes war die äußere Luft mit dem Luft-Gestirne, darinne des äußern Wesens und Leibes Leben und Gestirne war. Den blies er ihm in seine Nase. Und gleichwie die Zeit und Ewigkeit aneinanderhängen und die Zeit aus der Ewigkeit ist erboren, also hing auch der innere Odem Gottes am äußern und ward dem Menschen diese dreifache Seele auf einmal zugleich eingeblasen. Ein jedes Wesen des Körpers nahm den Geist nach seiner Eigenschaft an. Also, das äußere Fleisch nahm die äußere Luft mit ihrem Gestirne an zu einem Vernunft- und wachsenden Leben, zur Offenbarung der Wunder Gottes; und des Lichtes Leib oder das himmlische Wesen nahm den Odem des Lichts als der göttlichen Kraft an, welcher Odem der Hl. Geist genannt wird.

9. Also durchdrang das Licht die Finsternis, als den finstern Feuer-Odem und auch den äußern Luft-

Odem in seinem Gestirne, und nahm allen Eigenschaften die Gewalt, daß die Angst des Feuer-Odems in der innern seelischen Eigenschaft sowohl die Hitze und Kälte, auch alle andere Eigenschaften des äußern Gestirnes nicht konnten noch mochten offenbar sein. Die Eigenschaften aller drei Welten in Seele und Leib stunden in gleicher Übereinstimmung und Gewichte. Das Innere, Heilige herrschete durch äußere, als durch die äußeren Kräfte des äußeren Lebens, des äußern Gestirnes und vier Elementen.

10. Und das war das heilige Paradeis. Also stund der Mensch im Himmel und auch in der äußern Welt und war ein Herr aller Kreaturen dieser Welt. Nichts hätte ihn zerbrochen.

11. Denn also war auch die Erde bis auf den Fluch Gottes. Die heilige Eigenschaft der geistlichen Welt grünete auch durch die Erde und trug hl. paradeisische Früchte. Die konnte der Mensch essen auf solche magische paradeisische Art, und bedurfte keiner Zähne noch Därme im Leib; denn gleichwie das Licht die Finsternis und das Feuer das Wasser verschlinget und dessen doch nicht voll wird. Ein solch Centrum hatte der Mensch in seinem Munde auf Art der Ewigkeit. Und auf eine solche magische Art konnte er auch seinesgleichen aus sich gebären, ohne Zerreißung oder Eröffnung seines Leibes und Geistes. Gleichwie Gott die äußere Welt gebar und sich doch nicht zerriß, sondern in seiner Begierde, nämlich im Verbo Fiat (im Wort: Es werde) die Eigenschaft fassete und qualitätisch machte und aus dem Verbo Fiat offenbarte und in seine Figur, nach der ewigen geistlichen Welt Geburt einführte. Also ward der Mensch auch ein solch Bild und Gleichnis nach Zeit und Ewigkeit geschaf-

fen. Aber in ein ewig, unsterblich Leben, welches ohne Feindschaft und Widerwärtigkeit war.

12. Weil aber der Teufel war ein Fürst und Herrscher im Orte dieser Welt gewesen, und um seiner Hoffart willen war in der finstern, ängstlichen, peinlichen, feindlichen Eigenschaft und Qualität in Grimm Gottes gestoßen worden, so gönnete er dem Menschen die Ehre nicht, daß er an seine gehabte Stelle in die geistliche Welt geschaffen ward und führete seine Imagination in das geschaffene Bild des Menschen und machte erregte Lust, daß sich die Eigenschaften der finstern sowohl auch der äußern Welt im Menschen erhuben und aus der gleichen Konkordanz aus der Gleichheit ausgingen und eine die ander überwog, da wurden die Eigenschaften, eine jede in sich selber offenbar und lüsterte eine jede nach ihrer Gleichheit, als die aus der finstern Welt Geburt sowohl auch aus der Lichtwelt Geburt. Eine jede wollte aus dem Limbo (Urstoff) der Erden essen nach ihrem Hunger.

13. Also ward Böse und Gut in Adam offenbar. Und indem der Hunger der Eigenschaften in die Erde einging, daraus die Eigenschaften des Leibes waren ausgezogen worden, so zog auch das Fiat (das Schöpferwort: Es werde!) ein solch Gewächs aus der Erden, davon die Eigenschaften in ihrer aufgewacheten Eitelkeit konnten essen.

14. Denn das war möglich, weil in Adam der Geist der starken und großen magischen Macht von Zeit und Ewigkeit war, daraus die Erde mit ihren Eigenschaften war ausgehauchet worden. So zog das Fiat, als die starke Begierde der ewigen Natur, die Essenz der Erden.

15. Also ließ ihm Gott den Baum der Erkenntnis des Guten und des Bösen nach den aufgewachten Eigenschaften Adams wachsen. Denn die große Macht der Seelen und des Leibes hatten das verursachet. So mußte der Mensch geprüft werden, ob er wollte in eignen Kräften vor dem Versucher, dem Teufel, und vor dem Grimm der ewigen Natur bestehen; ob die Seele wollte in der gleichen Konkordanz der Eigenschaften bleiben stehen in wahrer Gelassenheit unter Gottes Geiste als ein zugerichtetes Werkzeug der Harmonie Gottes, ein Spiel der göttlichen Freudenreich, darauf und in dem Gottes Geist spielen wollte. Das ward allhie versucht mit diesem Baum. Und dazu kam Gottes gestrenges Gebot und sprach: Iß nicht davon; welches Tages du davon essen wirst, sollst du des Todes sterben, Gen. 2,17.

16. Als aber Gott erkannte, daß der Mensch nicht bestehen würde, daß er ja nach Bösem und Gutem trachtete und lüsterte, sprach Gott: Es ist nicht gut, daß der Mensch alleine sei; wir wollen ihm eine Gehilfin machen, die um ihn sei. – Denn er sahe wohl, daß Adam nicht konnte magisch gebären, weil seine Lust der Vergänglichkeit zugeneigt war.

17. So sagt nun Moses: Und er ließ einen tiefen Schlaf auf ihn fallen, und er entschlief, Gen. 2,21. Das ist: Weil er nicht wollte im Gehorsam der göttlichen Harmonie bleiben, in den Eigenschaften, daß er hätte als ein Werkzeug dem Geiste Gottes stille gehalten, so ließ er ihn von der göttlichen Harmonie in eine eigene Harmonie fallen als in die aufgewachten Eigenschaften, in Böse und Gut. Dahinein ging der seelische Geist.

18. Allda starb er, in diesem Schlaf der englischen

Welt (Qualität) ab und fiel, dem äußeren Fiat (der äußeren Schöpfung) heim, und war jetzt geschehen um das ewige Bild nach Gottes Gebärung. Allhie lag seine Engelsgestalt und Macht zu Boden und fiel in Ohnmacht. So machte Gott durchs Fiat das Weib aus Veneris Matrice (aus dem Schoß der Venus), das ist, aus der Eigenschaft, darinnen Adam die Gebärerin in sich hatte, aus ihme, aus einem Leibe zwei, und teilte die Eigenschaften (der gestaltenden Kräfte), als im Element das wässerische und feurische Gestirn, nicht ganz im Wesen, sondern im Geist, als die Eigenschaften der wässerischen und feurischen Seele, und obwohl es letztlich doch nur eine ist. Aber die Eigenschaft der Tinktur ward getrennet. Die eigene Liebe-Begierde ward Adam genommen und in ein Weib formieret nach seinesgleichen. Und darum begehret nun der Mann so heftig des Weibes Schoß, und das Weib begehret des Mannes Potenz als das Feuer-Element, den Urstand der wahren Seele, darinnen des Feuers Tinktur verstanden wird. Denn die zwei waren in Adam eines, und darin stund die magische Geburt.

19. Und als Heva aus Adam gemacht ward in seinem Schlaf, so ward Adam und Eva jetzt zum äußerlichen, natürlichen Leben geordnet; denn allda sind ihnen die Glieder der tierischen Fortpflanzung gegeben worden, sowohl der irdische Madensack (der physische Leib), darein sie doch könnten die Eitelkeit einsacken und den Tieren gleich leben, dessen sich die arme, in der Eitelkeit gefangene Seele noch heute schämet, daß sie hat eine tierische monströse Gestalt an ihrem Leib gekrieget, wie vor Augen ist. Davon die menschliche Scham ist entstanden, daß sich der

Mensch seiner Glieder schämet und auch der nackten Gestalt, und daß er muß den irdischen Kreaturen ihr Kleid abborgen, dieweil er sein englisches verloren und in ein Tier verwandelt. Und zeiget ihm dieses Kleid genug an, daß er mit dieser aufgewachten Eitelkeit, indem Hitze und Kälte auf ihn fällt, mit der Seelen darinnen, nicht daheime ist; denn die Eitelkeit samt dem falschen Kleide muß wieder von der Seelen weg und vergehen.

20. Und als nun Adam vom Schlaf erwachte, sahe er sein Weib, und kannte sie, daß sie aus ihm war. Denn er hatte noch nicht mit dem Munde von der Eitelkeit gessen, allein mit der Vorstellung, der Begierde und Lust. Und war das der Eva erstes Begehren, daß sie wollte von dem Baume der Eitelkeit, von Böse und Gute essen, dessen sie der Teufel vollends in der Schlangengestalt beredete. Ihre Augen würden ihr aufgetan werden und sie würde sein als Gott selber, Gen. 3,5.

21. Welches Lügen und Wahrheit waren. Er sagte ihr aber nicht, daß sie das göttliche Licht und Kraft würde dadurch verlieren. Er sagte nur, die Augen würden ihr offen werden, daß sie könnte Böse und Gut schmecken, probieren und wissen, wie er getan hatte. Er sagte ihr auch nicht, daß Hitze und Kälte in ihr würde aufwachsen und daß des äußeren Gestirnes Eigenschaft würde mächtig im Fleische und Gemüte herrschen.

22. Ihm war es nur um das zu tun, daß das Bild des Engels, das dem Menschen eingeboren ist, als das Wesen von der innern geistlichen Welt, möchte in ihnen verbleichen. So müßten sie der groben Erdenhaftigkeit und dem Gestirne leben. So wußte er wohl,

wann die äußere Welt würde vergehen, daß alsdann die Seele bei ihm in der Finsternis sein würde; denn er sahe, daß der Leib würde sterben, welches er auch aus Gottes Andeutung hatte. Also vermeinte er noch in Ewigkeit ein Herr im Ort dieser Welt zu sein in seiner falschen angenommenen Gestalt. Darum betrog er den Menschen.

23. Denn als Adam und Eva jetzt von der Frucht Böse und Gut in den Leib aßen, so empfing die Imagination des Leibes die Eitelkeit in der Frucht. Jetzt wachte die Eitelkeit im Fleische auf und kriegte die finstre Welt in der Eitelkeit der Irdigkeit die Gewalt und das Regiment. Damit verblich das schöne Himmelsbild aus der himmlischen, göttlichen Welt Wesen. Allhie starb Adam und Eva im Hinblick auf das Himmelreich und wachten für die äußere Welt. Da war die schöne Seele in der Liebe Gottes verblichen, als in der heiligen Kraft und Eigenschaft, und wachte an dessen Stelle in ihr der grimme Zorn, als die finstere Feuerwelt auf und ward aus der Seelen an einem Teil, als in der innern Natur, ein halber Teufel aus ihr und am äußern Teil der äußern Welt ein Tier. Allhie ist Ursache des Todes und die Porte der Höllen, um welcher willen Gott Mensch ward, daß er den Tod zerbräche und die Hölle wieder in die große Liebe verwandelte und die Eitelkeit des Teufels zerstörete.

24. Laßts euch gesagt sein, ihr Menschenkinder: Es ist euch in der Posaunenstimme gesagt worden, daß ihr anjetzo sollt von der schändlichen Eitelkeit ausgehen, denn dasselbe Feuer brennet.

Das 3. Kapitel

Als nun Adam und Eva in dieses Elend fielen, da wachte der Grimm der Natur in jeder Eigenschaft auf und drückte ein in seiner Begierde die Eitelkeit der Irdigkeit und des Grimmes Gottes in sich. Da ward das Fleisch grob und derb als eines andern Tieres und ward die edle Seele damit in der Essenz gefangen, und sahe sich an, daß sie war an ihrem Leibe ein Tier worden, und sahe die tierischen Glieder zur Fortpflanzung und den stinkenden Madensack, darein die Begierde des Fleisches den Eitel (Ekel) einsackte. Des schämeten sie sich vor Gott und verkrochen sich unter die Bäume im Garten Eden; auch fiel Hitze und Kälte auf sie.

2. Allhier erzitterte der Himmel im Menschen vor der Grausamkeit, gleichwie die Erde im Grimm erzitterte, als dieser Zorn am Kreuz mit der süßesten Liebe Gottes zerbrochen ward; da erzitterte der Zorn vor der großen Liebe Gottes (vgl. Matth. 27,52).

3. Und um dieser aufgewachten Eitelkeit willen im Menschen verfluchte Gott die Erde, auf daß das heilige Element nicht mehr durch die äußere Frucht ausdringe und Paradeisfrüchte gebäre; denn es war keine Kreatur, welche dieselbe hätte können genießen. Auch war dessen der Mensch nicht mehr wert. Gott wollte die edle Perlen nicht vor die Tiere werfen. Als dann ein ungöttlicher Mensch anders in seinem Leibe nichts ist als ein grobes viehisches Tier, ob er wohl einer edlen Essenz ist, so ist sie doch ganz vergiftet und ein Ekel vor Gott.

4. Als nun Gott sahe, daß sein schönes Bild verdor-

ben war, eröffnete er sich vor ihnen und erbarmete sich ihrer und verhieß sich ihnen zum ewigen Eigentum, daß er mit seiner großen Liebe durch seine Menschwerdung wollte der Schlangen Eigenschaft, als der Eitelkeit im Grimm Gottes die Gewalt mit der Liebe zerbrechen. Das war das Kopfzertreten (I. Mose 3,15), daß er wollte den finstern Tod zerbrechen und den Zorn mit der großen Liebe überwältigen; und stellete diesen Bund seiner zukünftigen Menschwerdung ins Lebenslicht ein, auf welchen Bund die jüdischen Opfer gerichtet waren als auf ein Ziel, da sich Gott mit seiner Liebe verheißen hatte. Denn der Juden Glaube ging ins Opfer und Gottes Imagination (planende Vorausschau) ging in Bund. Und das Opfer war eine Figur der Wiederbringung dessen, was Adam hatte verloren.

5. Also versöhnete Gott seinen Zorn in menschlicher Eigenschaft durchs Opfer im Ziel des Bundes, in welchem Bunde sich der allerheiligste Name JHESUS aus dem heiligen Namen und großen Kraft JEHOVA hatte einverleibet, daß er sich wollte in der himmlischen Welt Wesen, welches in Adam verblich, wieder bewegen und offenbaren und das heilige, göttliche Leben darinnen wieder anzünden.

6. Dieses Bundes Ziel ward von Adam und seinen Kindern von Mensch zu Mensch fortgepflanzet und drang von einem auf alle, gleichwie auch die Sünde und aufgewachte Eitelkeit von einem auf alle drang. Und stund in der Verheißung des Bundes am Ende in der Wurzel Davids in Maria der Jungfrauen, welche war im innern Reiche der verborgenen Menschheit, als der verblichenen Wesenheit an Gottes Reich des Bundes Gottes Tochter, und am äußern nach der

natürlichen Menschheit von ihrem rechten leiblichen Vater Joachim und ihrer rechten Mutter Anna gezeuget, aus ihren Leibs- und Seelen-Essentien und Wesen allen andern Adamskindern gleich, eine wahrhaftige Tochter Evas.

7. In dieser Maria der Jungfrauen, im verheißenen Ziel des Bundes, davon alle Propheten weissagten, hat sich in der Erfüllung der Zeit (vgl. Gal. 4,4) das ewigsprechende Wort, das alle Ding hat erschaffen, nach seiner höchsten und tiefsten Liebe und Demut in dem Namen JESU bewegt, und hat lebendige, göttliche, himmlische Wesenheit in die in Adam verblichene Menschheit des himmlischen Teils, dessen er im Paradeis erstarb, eingeführet in den Samen Mariae, verstehet in der Liebe Tinktur, als in die Eigenschaft, darin sich Adam sollte auf magische, himmlische Art fortpflanzen, als in den wahren Weibessamen (vgl. I. Mose 3,15) der himmlischen Wesenheit, welcher im Paradeis verblich, als das göttliche Licht in derselben himmlischen Essenz verlosch, hat Gottes Wort, als die göttliche Kraft des göttlichen Verstandes himmlische, lebendige Wesenheit eingeführet und die verblichene Wesenheit im Samen Mariae aufgeweckt und zum Leben erboren.

8. Und ist Gottes Wesen, darin Gott wohnet und wirket und des Menschen verblichenes Wesen jetzt eine Person worden; denn die heilige göttliche Wesenheit salbete die verblichene. Darum heißt die Person CHRISTUS, ein Gesalbter Gottes.

9. Und das ist die dürre Rute Aaronis, die da grünete und Mandeln trug, und der rechte Hohepriester, und ist eben die Menschheit, davon Christus sagte, Joh. 3,13, er wäre vom Himmel kommen und wäre im

Himmel, und kein Mensch könnte also in Himmel kommen als des Menschen Sohn, der vom Himmel kommen sei und der im Himmel sei. Indem er spricht, er sei vom Himmel kommen, da verstehet er himmlisch Wesen, himmlische Leiblichkeit; denn die Kraft Gottes bedarf keines Kommens. Sie ist überall ganz, ungemessen und unzertrennet. Aber das Wesen bedarf Kommens, die Kraft darf sich nur bewegen und im Wesen offenbaren.

10. Das Wesen aber ist in das menschliche Wesen eingegangen und hat das Menschliche angenommen und nicht allein das Teil von himmlischer Wesenheit, welches in Adam verblich, sondern die ganze menschliche Essenz in Seele und Fleisch nach allen drei Welten.

11. Aber die aufgewachte und eingeprägte Eitelkeit, welche der Teufel mit seiner Imagination ins Fleisch einführete, davon das Fleisch Sünden wirkete, hat er nicht angenommen. Wohl hat er die aufgewachten Lebensgestälte, indeme sie waren von dergleichen Konkordanz ausgangen, eine jede in seine eigene Begierde angenommen.

12. Denn allhie lag unsere Krankheit und der Tod, welchen er sollte mit dem himmlischen, heiligen Blute ersäufen. Allhier nahm er alle unsere Sünde und Krankheit, auch den Tod und Hölle im Grimm Gottes auf sich und zerbrach dem Teufel sein Reich in menschlicher Eigenschaft. Der Grimm Gottes war die Hölle, in welche der Geist Christi, als er jetzt hatte das himmlische Blut in unser äußeres menschliches vergossen und mit der Liebe verwandelt, einfuhr und dieselbe Hölle in menschlicher Eigenschaft in Himmel verwandelte und die menschlichen Eigenschaften

wieder in die gleiche Konkordanz, in die göttliche Harmonie einführete und ordnete.

Das 4. Kapitel

Allhier verstehen wir nun unsere neue Wiedergeburt recht, wie wir können Tempel Gottes sein und bleiben; doch diese Zeit nach der äußern Menschheit auch sündliche, sterbliche Menschen. Christus hat die Pforte unserer innerlichen, himmlischen Menschheit, welche in Adam zugeschlossen ward, in menschliche Essenz zersprengt und aufgemacht. Und liegt jetzt bloß an dem, daß die Seele ihren Willen aus der Eitelkeit des verderbten Fleisches ausführe und in diese offene Pforte in Geist Christi einführe.

2. Es muß ein großer mächtiger Ernst sein, nicht nur ein Lernen und Wissen, sondern ein Hunger und großer Durst nach Christi Geist; denn das Wissen allein ist kein Glaube, sondern der Hunger und Durst nach deme, das ich begehre, daß ichs mir einbilde und mit der Einbildung eigentümlich fasse und nehme, das ist Glauben.

3. Der Wille muß aus der Eitelkeit des Fleisches ausgehen, sich freiwillig ins Leiden und Tod Christi und in allen Spott der Eitelkeit, welche ihn darum spottet, daß er aus seinem eigenen Haus, darin er geboren ist, ausgehe – ergeben und nicht mehr der Eitelkeit wollen, sondern nur bloß der Liebe Gottes in Christo Jesu begehren.

4. Und in solchem Hunger und Begehren prägt er ein ihm den Geist Christi mit seiner himmlischen Leiblichkeit. Das ist, sein großer Hunger und Be-

gierde fasset den Leib Christi als die himmlische Wesenheit in sein verblichen Bilde ein, in welchem das Wort der Kraft Gottes das wirkende Leben innen ist.

5. Der Seelen Hunger führet seine Begierde durch die zerschellete Eigenschaft ihrer in Adam verblichenen Menschheit des himmlischen Teils, welche das süße Liebe-Feuer im Tode Christi, als der Tod der rechten himmlischen Menschheit zerbrochen ward, zerschellete. Der Seelen Hunger fassete durch die Begierde das heilige himmlische Wesen, als die himmlische Leiblichkeit, welche den Vater an allen Enden erfüllet und allem nahe ist und durch alles ist, in ihre verblichene Leiblichkeit ein. Und dadurch stehet der verblichene himmlische Leib in der Kraft Gottes in dem süßen Namen Jesu auf.

6. Und derselbe aufgewachte himmlische, geistliche Leib ist Christi Gliedmaß und der Tempel des Hl. Geistes, eine wahre Wohnung der Hl. Dreifaltigkeit, wie Christus verhieß, da er sagte: Wir wollen zu euch kommen und Wohnung in euch machen, 2. Kor. 6,16. (Die zitierte Stelle findet sich in den johanneischen Abschiedsreden!) Dieselbe Essenz desselben Leben isset Christi Fleisch und trinket sein Blut; denn Christi Geist, als das Wort, das sich mit der Menschheit aus und in unserer verblichenen Menschheit durch den äußern Menschen dieser Welt Wesen sichtbar machete, der isset sein heiliges Wesen in sein feuriges Wesen. Ein jeder Geist isset von seinem Leibe.

7. Und so nun die Seele von dieser süßen, heiligen, himmlischen Speise isset, so entzündet sie sich in der großen Liebe im Namen Jesu. Davon wird ihr Angst-Feuer ein großer Triumph; und gehet ihr die wahre

Sonne auf, in welcher sie eines andern Willens geboren wird. Und allhie ist die Hochzeit des Lammes, welches wir herzlich wünschen, daß es doch die Titul- und Maulchristenheit einmal erfahren möchte und von der Historia ins Wesen eingehen.

8. Die Seele aber kriegt nicht das Perllein der Hl. Kraft die Zeit dieses Lebens, solange sie noch des äußern tierischen Fleisches Eigenschaft am äußern Menschen hat, zum Eigentum. Die Kraft Christi, welche in der Hochzeit des Lammes sich vermählet, ersenkt sich in das Himmelsbilde ein, das heißt in das Wesen des himmlischen Menschen, der Christi Tempel ist und nicht in den Feuer-Odem der Seelen, welche noch diese ganze Zeit am äußern Reiche, am Bande der Eitelkeit mit dem Luft-Odem fest angebunden stehet und in großer Gefahr ist.

9. Sie gibt wohl ihre Liebe-Strahlen gar oft in die Seele ein, davon die Seele ihr Licht empfähet. Aber dem Feuer-Odem ergibt sich der Geist Christi diese Zeit nicht, sondern nur dem Odem des Lichtes, welcher in Adam verlosch. Darin ist der Tempel Christi; denn es ist der wahre, heilige Himmel.

10. Also verstehet uns recht, was und wie die neue Wiedergeburt geschehe und sei: Der äußere, irdische, sterbliche Mensch wird in dieser Zeit nicht neugeboren, weder das äußere Fleisch noch das äußere Teil der Seelen. Sie bleiben beide in der Eitelkeit, der Vergänglichkeit, ihres in Adam aufgewachten Willens. Sie lieben ihre Mutter in dero Leibe sie leben, als das Regiment dieser äußern Welt; und darin ist die Sündengeburt offenbar.

11. Der äußere Mensch in Seele und Fleisch, das heißt das äußere Teil der Seelen, hat keinen göttlichen

Willen, verstehet auch nichts von Gott, wie die Schrift saget: Der natürliche Mensch vernimmt nichts vom Geiste Gottes, I. Kor. 2,14.

12. Aber der Feuer-Odem der innern Welt, so der einmal erleuchtet wird, verstehet es, der hat sein großes Ächzen, Jammern, Hungern und Dürsten nach dem süßen Brünnlein Christi. Der erlabet sich durch Hungern und Begehren, welches der wahre Glaube ist, in dem süßen Brünnlein Christi von seinem neuen Leibe der himmlischen Wesenheit wie eine hungrige Rebe am Weinstock Christi.

13. Und das ist die Ursache, daß die feurige Seele diese Zeit nicht mag zur Vollkommenheit kommen, daß sie am äußern Bande der Eitelkeit angebunden stehet, durch welches der Teufel stets seine giftigen Strahlen auf sie schießt und sie sichtet, daß sie ihm manchmal anbeißt und sich vergiftet, davon groß Jammer und Angst entstehet, daß sich die edle Sophia im Brünnlein Christi in der himmlischen Menschheit verbirgt und der Eitelkeit nicht nahen mag.

14. Denn sie, die Menschheit vor dem Fall, weiß, wie es ihr in Adam ging, da sie ihr Perllein verlor, welches der innern Menschheit aus Gnaden wieder geschenkt wird, darum sie Sophia heißt, als die Braut Christi.

15. Allhie ruft sie der feurigen Seelen als ihrem Bräutigam getreulich und ermahnet ihn zur Buße und Abladung oder Ausgehung von dem Greuel der Eitelkeit. Da gehet dann der Streit in dem ganzen Menschen an. Da lüstert der äußere, fleischliche Mensch wider den innern, geistlichen, und der geistliche wider den fleischlichen, und steht der Mensch im Streite, voller Trübsal, Kummer, Angst und Not.

16. Der innere spricht zur Feuer-Seelen: O mein Buhle, kehre doch um und gehe von der Eitelkeit aus oder du verlierest meine Liebe und das edle Perllein. So spricht die äußere Vernunft, als die tierische irdische Seele: Du bist närrisch, daß du willst der Welt Narr und Spott sein. Du bedarfst der äußern Welt zu deinem Leben. Schönheit, Macht und Herrlichkeit ist dein Bestes, darinnen kannst du Freude haben. Was willst du dich in Angst, Not und Spott einführen? Trachte nach Wollust, das dem Fleische und Gemüte wohl tut.

17. Mit solchem Unflat wird dann ein rechter Mensch ofte besudelt. Der äußere Mensch besudelt sich selber, gleichwie eine Sau im Kote, und verdunkelt sein edles Bild. Denn je eiteler der äußere Mensch wird, je dunkeler wird der innere Mensch alsolange bis er gar verbleicht. So ists alsdann geschehen um das schöne Paradeisbäumlein und wird schwer zugehen, wieder zu erlangen.

18. Denn wenn das äußere Licht, als die äußere Seele, einmal erleuchtet wird, daß ihr das äußere Licht der Vernunft durch das innere Licht angezündet wird, so gibt die äußere Seele gerne einen Schein-Gleißner aus sich (sie wird verblendet) und achtet sich für göttlich, obgleich das Perllein weg ist.

19. Dabei bleibts bei vielen und verdirbet also ofte der Perlenbaum in Christi Gärtlein, davon die Schrift einen harten Knoten macht (d.h. sie gibt zu bedenken), daß diejenigen, so einmal haben die Süßigkeit der zukünftigen Welt geschmecket, und sie wieder davon abfallen, das Reich Gottes schwerlich schauen werden, Ebr. 6,4.6.

20. Und wiewohl es ja ist, daß die Gnadenpforte

noch offen stehet, so hält sie aber das Scheinlicht der äußern Vernunft-Seele davon ab, daß sie meinen, sie haben das Perllein, und leben doch nur der Eitelkeit dieser Welt und tanzen dem Teufel nach seiner Pfeife.

Das 5. Kapitel

Allhier soll nun ein Christ bedenken, warum er sich einen Christen nennet, und wohl betrachten, ob er auch einer sei; denn daß ich lerne wissen und verstehen, daß ich ein Sünder bin und daß Christus meine Sünde hat am Kreuze getötet und sein Blut für mich vergossen, das macht noch lange keinen Christen aus mir. Das Erbe gebühret allein den Kindern. Eine Magd im Hause weiß wohl, was die Frau gerne hat. Das macht sie darum nicht zum Erben in der Frauen Güter. Der Teufel weiß auch, daß ein Gott ist. Das macht ihn darum nicht wieder zum Engel. So sich aber die Magd im Hause mit der Frauen Sohne verehelicht, so mag sie wohl zur Erbschaft der Frauen Güter kommen.

2. Also auch in unserm Christentum zu verstehen ist: Der Historien Kinder sind nicht Erben der Güter Christi, sondern die ehelichen Kinder, welche aus Christi Geist neugeboren werden. Denn Gott sagte zu Abraham: Stoß der Magd Sohn aus, er solle nicht erben mit der Freien, Gal. 4,30, denn er war ein Spötter und nur ein Historien-Sohn des Glaubens und Geistes Abrahams. Und solange er ein solcher war, so war er nicht in der rechten Erbschaft des Glaubens Abraham. So hieß ihn Gott ausstoßen von seinen Gütern.

3. Welches ein Vorbild der zukünftigen Christenheit war; denn dem Abraham geschahe die Verheißung der Christenheit. Darum so war auch alsobalde das Fürbilde in den zwei Brüdern, als in Isaak und Ismael, dargestellet, wie sich die Christenheit halten würde, und daß zweierlei Menschen würden darinnen sein, als wahre Christen und Maulchristen, die nur würden unter dem Titul der Christenheit Spötter sein wie Ismael und Esau, welcher auch das Bilde des äußern Adam war, dagegen Jakob das Bilde Christi und seiner wahren Christenheit.

4. Also soll ein jeder, der sich will einen Christen nennen, der Magd Sohn, das ist: den irdischen, bösen Willen von ihme hinausstoßen, immer töten und zerbrechen und nicht in die Erbschaft einsetzen, nicht dem Tiermenschen das Perllein zum Spiel geben, daß er sich in dem äußern Lichte in der Fleischeslust stets erlustige, sondern mit unserm Vater Abraham den Sohn unsers rechten Willens an Berg Moria führen und im Gehorsam wollen Gott aufopfern (d.i. Isaaks Opferung), immer gerne wollen in Christi Tode der Sünden absterben, dem Tier der Eitelkeit keine Ruhe in Christi Reiche einräumen, nicht lassen geil, hoffärtig, geizig, neidig und boshaftig werden. Diese Eigenschaften sind alle des Ismaelis, der Magd Sohn, welchen Adam in seiner Eitelkeit von der buhlerischen Huren der falschen Magd von Teufels Einbildung aus der irdischen Eigenschaft im Fleisch gebare.

5. Dieser Spötter und Titul-Christ ist ein Hurensohn. Der muß hinausgestoßen werden, denn er soll das Erbe Christi im Reiche Gottes nicht erben, Gal. 4,30. Er ist kein nütze und ist nur Babel, eine Verwir-

rung der einzigen Sprache in viel Sprachen. Er ist nur ein Schwätzer und Zänker um die Erbschaft und will sie erschwätzen und erzanken mit seiner Mundheuchelei und Scheinheiligkeit, und ist doch nur ein blutdürstiger Mörder des Habels, seines Bruders, welcher ein wahrer Erbe ist.

6. Darum sagen wirs, wie wirs erkannt haben, daß sich ein Mensch, der sich will einen Christen nennen, soll prüfen, was für Eigenschaften ihn treiben und regieren, ob ihn der Geist Christi zur Wahrheit und Gerechtigkeit und zur Liebe des Nächsten treibe, daß er gerne wollte Gutes tun, wüßte er nur, wie er könnte. Und so er befindet, daß er einen Hunger nach solcher Tugend hat, so mag er gewiß denken, daß er gezogen wird. So soll er es verwirklichen, nicht nur wollen und nicht tun. Im Wollen stehet der Zug des Vaters zu Christo, aber im Tun stehet das rechte Leben.

7. Denn der rechte Geist tut recht. Ist aber der Wille zum Tun und das Tun aber nicht folget, so ist der rechte Mensch in der eiteln Lust, welche das Tun hält gefangen, und ist nur ein Heuchler, ein Ismaeliter. Anders redet er und anders tut er, und bezeuget, daß sein Mund ein Lügner ist; denn das er lehret, das tut er selber nicht und dienet nur dem tierischen Menschen in der Eitelkeit.

8. Denn daß einer sagt: Ich habe Willen und wollte gerne Gutes tun, und habe aber irdisch Fleisch, das hält mich, daß ich nicht kann; ich werde aber aus Gnaden um des Verdienstes Christi willen selig werden; denn ich tröste mich ja seines Leidens und Verdienstes, er wird mich aus Gnaden ohn all mein Verdienst annehmen und mir die Sünde vergeben, – der tut gleich einem, der eine gute Speise zu seiner

Gesundheit wüßte und äße derselben nicht, äße aber an deren Statt eine giftige, davon er krank würde und stürbe.

9. Was hilft das die Seele, daß sie den Weg zu Gott weiß und den nicht gehen will, gehet aber den Irrweg und erreicht Gott nicht? Was hilft das die Seele, daß sie sich der Kindschaft Christi, seines Leidens und Todes tröstet und ihr selber heuchelt, mag auch nicht in die kindliche Geburt eingehen, daß sie ein wahres Kind aus Christi Geiste, aus seinem Leiden, Tod und Auferstehung geboren werde. Gewiß und wahrhaftig: das Kitzeln und Heucheln mit Christi Verdienst, ohne die wahre ingeborene Kindschaft, ist falsch und erlogen; es lehre, wer da wolle.

10. Dies Trösten gehöret dem bußfertigen Sünder, der im Streit wider die Sünde und Gottes Zorn ist, wenn die Anfechtungen kommen, daß der Teufel der Seelen zusetzt, da sich die Seele soll in das Leiden und Tod Christi, in sein Verdienst ganz einwickeln.

11. Christus hats wohl allein verdienet, aber nicht als ein Verdienst hat ers verdienet, dem ein Lohn aus Verdienst gegeben wird, daß er uns die Kindheit aus seinem Verdienst von außen schenkte und uns also in die Kindschaft einnähme. Nein, er ist selber das Verdienst. Er ist die offene Porte durch den Tod, durch den müssen wir eingehen. Er nimmt aber nicht Tiere in sein Verdienst ein, sondern diejenigen, welche umkehren und werden als die Kinder.

12. Dieselben Kinder, die zu ihm kommen, sind sein Lohn, er hat uns verdienet. Denn er sprach auch also: Vater, die Menschen waren dein und du hast sie mir gegeben, und ich gebe ihnen das ewige Leben, Joh. 17,6. Nun aber wird keinem das Leben Christi

gegeben, er komme denn im Geiste Christi zu ihm in seine Menschheit, Leiden und Verdienst ein und werde in seinem Verdienst ein wahres Kind des Verdienstes geboren. Aus seinem Verdienst müssen wir geboren werden und das Verdienst Christi in seinem Leiden und Tod anziehen, nicht von außen mit Mundheuchelei allein, nicht nur mit Trösten und ein fremdes Kind fremder Essenz bleiben. Nein, die fremde Essenz erbet nicht die Kindschaft, sondern die ingeborne Essenz erbet sie.

13. Dieselbe ingeborne Essenz ist nicht von dieser Welt, sondern im Himmel, davon St. Paulus sagt: Unser Wandel ist im Himmel, Phil. 3,20. Die kindliche Essenz wandelt im Himmel und der Himmel ist im Menschen. So aber der Himmel im Menschen nicht offen ist und er nur vorm Himmel stehet heucheln und spricht: Ich bin wohl außen, aber Christus will mich aus Gnaden annehmen; sein Verdienst ist ja mein, – ein solcher ist nach dem äußern Menschen in der Eitelkeit und Sünden und mit der Seele in der Hölle, als in Gottes Zorn.

14. Darum lernets recht verstehen, was uns Christus hat gelehret und getan. Er ist unser Himmel. Er muß in uns eine Gestalt gewinnen, sollen wir im Himmel sein. So ist alsdann der innere Seelenmensch mit dem hl. Leibe Christi, das heißt in der neuen Geburt im Himmel, und der äußere, sterbliche ist in der Welt. Davon sagt Christus: Meine Schäflein sind in meiner Hand; niemand kann sie mir herausreißen, der Vater, der sie mir gegeben hat, ist größer denn alles, Joh. 10,27,29.

Das 6. Kapitel

Lieben Brüder, wir wollen treulich mit euch reden, nicht aus heuchlerischem Munde, dem Antichrist zu gefallen, sondern aus unserm Perllein, aus christlicher Essenz und Wissenschaft, nicht aus der Hülse und Historien, sondern aus kindlichem Geiste, aus Christi Wissenschaft als eine Rebe am Weinstock Christo, aus dem Maße deren in uns eröffneten Wissenschaft in Gottes Rat.

2. Man bindet uns anjetzo an die Historien, an die steinernen Kirchen, welche zwar in ihrem Wert gut wären, so man auch den Tempel Christi darein brächte.

3. Man lehret, ihre Absolution sei eine Vergebung der Sünden; desgleichen das Abendmahl nehme die Sünden weg; desgleichen der Geist Gottes werde vom Predigtamt eingegossen.

4. Dieses alles hätte seinen Weg (Wert), so es recht erkläret würde und man nicht nur an der Hülsen hinge. Mancher gehet 20 oder 30 Jahr in die Kirche, höret predigen und empfängt Sakramente, läßt sich absolvieren und ist einmal ein Tier des Teufels und der Eitelkeit wie das ander. Ein Tier gehet in die Kirchen und zum Abendmahl, und ein Tier gehet wieder davon. Wie will der essen, der keinen Mund hat? Wie will der hören, der kein Gehör hat? Mag auch einer eine Speise genießen, die seinem Munde verschlossen ist? Wie will der trinken, der fern vom Wasser ist? Was hilft michs, daß ich in die Mauerkirche gehe und fülle meine Ohren mit einem leeren Odem oder gehe zum Abendmahl und speise nur den irdischen Mund, wel-

cher sterblich und verweslich ist? Mag ich ihme doch wohl daheim ein Stücke Brot geben, daß er satt werde. Was hilft das die Seele, welche ein unsterblich Leben ist, daß der tierische Mensch die Weise des Gebrauchs Christi hält, so sie nicht mag das Kleinod des Gebrauchs erreichen? Denn St. Paulus sagt vom Abendmahl: Darum daß ihr nicht unterscheidet den Leib des Herrn, empfahet ihrs (das Abendmahl) zum Gerichte, I. Kor. 11,29.

5. Der Bund bestehet, er wird im Gebrauch gerüget. Christus bietet uns mit seinem Worte seinen Geist an als in dem gepredigten Worte und in den Sakramenten seinen Leib und Blut, und in der brüderlichen Versöhnung seine Absolution.

6. Was hilfts aber, daß ein Tier allda zuhöret und kein Gehör zum innern lebendigen Worte hat? Hat auch kein Gefäß, darein es kann das Wort legen, daß es Frucht bringe. Von denen sagt Christus: Der Teufel reißt das Wort von ihren Herzen, daß sie nicht glauben und selig werden, Luk. 8,12. Warum? Darum daß das Wort keine Stätte im Gehör findet, da es möchte haften.

7. Also auch von der Absolution: Was hilfts, daß einer zu mir sagt: Ich verkündige dir die Absolution deiner Sünden, wenn doch die Seele ganz in Sünden verschlossen liegt? Der solches zum verschlossenen Sünder sagt, der irret und der es annimmt ohne Gottes Stimme in ihme, der betrügt sich auch selber.

8. Niemand kann Sünde vergeben als allein Gott. Des Predigers Mund hat nicht die Vergebung in eigener Gewalt. Der Geist Christi hat sie in der Stimme des Priesters Mund, so er aber auch ein Christ ist. Was halfs aber diejenigen, die Christum auf Erden höreten

lehren, da er sprach: Kommt alle zu mir, die ihr mühselig und beladen seid, ich will euch erquicken? Was halfs dieselben, die es höreten und nicht mühselig waren? Wo bliebe die Erquickung, da sie tote Ohren hatten und nur den äußern Christus höreten, nicht aber das Wort der göttlichen Kraft, wurden sie doch nicht erquicket, also viel hilft auch einem tierischen Menschen seine heuchlerische Absolution. Ebenso wenig helfen ihm auch die Sakramente.

9. In Sakramenten ist's nun offen, wie auch im Lehramt. Der Bund wird gerüget. Die Nutznießung der Seelen geschieht, aber in der Eigenschaft wie der Seelen Mund ist. Wenn das äußere Tier empfähet Brot und Wein, da könnte es auch daheim essen. Und die feurische Seele empfähet nun das Testament nach ihrer Eigenschaft, nämlich im Zorne Gottes. Sie empfähet der ewigen Welt Wesen, aber nach der finstern Welt Eigenschaft. Wie der Mund ist, also ist auch die Speise, so in Mund gehört. Er empfähet es ihme (sich selbst) zum Gerichte auf Art wie die Gottlosen werden Christum am jüngsten Gerichte als einen ernsten, strengen Richter sehen, und die Heiligen als einen lieben Immanuel.

10. Gegen den Gottlosen stehet Gottes Zorn in seinen Testamenten offen, und gegen den Heiligen stehet die himmlische Leiblichkeit, und darin die Kraft Christi im heiligen Namen Jesu offen. Was hilft aber den Gottlosen das Heilige, so er das nicht kann genießen? Was soll allhie seine Sünde wegnehmen? Die Sünde wird nur gerüget und offenbar.

11. Es ist doch in den Heiligen mit den Sakramenten kein Sündewegnehmen oder dadurch Vergeben, sondern also ists: Wenn Christus aufstehet, so stirbet

Adam in der Schlangenessenz. Wenn die Sonne aufgehet, so wird die Nacht im Tage verschlungen und ist keine Nacht mehr. Also ist die Vergebung der Sünden. Der Geist Christi isset von seinem hl. Wesen. Der innere Mensch ist die Fassung des hl. Wesens. Er nimmt an, was der Geist Christi in ihn einführet, als den Tempel Gottes, Christi Fleisch und Blut. Was geht das ein Tier an oder was gehets die Teufel oder die Seele in Gottes Zorne an? Sie essen von ihrem himmlischen Leibe, in welchem Himmel sie wohnen, das heißt im Abgrunde.

12. Also auch im Predigtamt. Der Gottlose höret, was die äußere Seele der äußern Welt predigt. Das nimmt er an als eine belanglose Geschichte. Ist aber etwa Stoppeln oder Stroh in der Predigt, so saugt er daraus die Eitelkeit, und die Seele saugt daraus die falsche Gift und Morde des Teufels. Damit kitzelt sie sich, daß sie höret, wie sie kann Menschen richten. Ist aber der Prediger auch ein Toter und säet aus seinen Affekten Gift und Schmack, so lehret der Teufel und höret der Teufel. Dasselbe Lehren wird in dem gottlosen Herzen gefangen und bringt gottlose Früchte, daraus die Welt eine Mordgrube des Teufels worden ist, daß beides im Lehrer und Zuhörer nichts als eitel Spotten, Lästern, Höhnen, Wortzanken und um die Hülse-Beißen innen ist.

13. Aber in dem heiligen Lehrer lehret der Hl. Geist, und in dem heiligen Hörer hört der Geist Christi durch die Seele und göttlich Gehäuse des göttlichen Schalles. Der Heilige hat seine Kirche in sich, da er inne höret und lehret. Aber Babel hat den Steinhaufen (eine nur äußerliche Kirche), da gehet sie hinein heucheln und gleißen, läßt sich mit schönen Kleidern

sehen, stellt sich andächtig und fromm. Die steinerne Kirche ist ihr Gott, darein sie das Vertrauen setzt.

14. Der Heilige aber hat seine Kirche an allen Orten bei sich und in sich; denn er sehet und gehet, er liegt und sitzt in seiner Kirchen. Er ist in der wahren christlichen Kirchen, im Tempel Christi. Der Hl. Geist predigt ihme aus allen Kreaturen. Alles was er ansiehet, da siehet er einen Prediger Gottes.

15. Hie wird der Spötter sagen, ich verachte die steinerne Kirche, da die Gemeinde zusammenkommt. Da sage ich ›nein‹ zu, sondern ich weise an die heuchlerische babylonische Hure, die mit der steinern Kirche nur Hurerei treibet und nennet sich einen Christen, ist aber ein Hurenbalg (Hurenkind im Gegensatz zum Gotteskind).

16. Ein rechter Christ bringt seine heilige Kirche mit in die Gemeinde. Sein Herz ist die wahre Kirche, da man soll Gottesdienst pflegen. Wenn ich tausend Jahr in die Kirchen gehe, auch alle Wochen zum Sakrament, lasse ich mich auch gleich alle Tage absolvieren, habe ich Christus nicht in mir, so ists alles falsch und ein unnützer Tand, ein Schnitzwerk in Babel und ist keine Vergebung der Sünden.

17. Der Heilige tut heilige Werke aus der heiligen Kraft seines Gemütes. Das Werk ist nicht die Versöhnung, aber es ist das Gebäu, das der wahre Geist in seinem Wesen bauet. Es ist sein Wohnhaus, gleichwie des falschen Christen seine Fabelei sein Wohnhaus ist, da dann seine Seele heuchelnd hingehet. Das äußere Gehör gehet in das Äußere und wirket in das Äußere; und das innere Gehör gehet in das Innere und wirket in dem Innern.

18. Heuchle, heuchle, schreie, singe, predige, lehre

wie du willst. Ist nicht der innere Lehrer und Hörer offen, so ists alles Babel und Fabel und ein Schnitzwerk, da der äußere Weltgeist ein Model oder Schnitzwerk nach dem Innern macht. Und damit blendet er, als ob er einen heiligen Gottesdienst hätte, da doch manchmal der Teufel mitten in solchem Gottesdienst mächtig in der Einbildung wirket und das Herz wohl kitzelt mit denen Dingen, so das Fleisch gerne hätte, welches zwar wohl öfters den Kindern Gottes nach dem äußern Menschen widerfähret, so sie nicht eben acht auf sich haben, so sichtet sie der Teufel (d. h. sie fallen ihm zum Opfer).

Das 7. Kapitel

Ein rechter Mensch, welcher in Christi Geist neugeboren ist, der ist in der Einfalt Christi, hat mit niemanden einigen Zank um die Religion. Er hat in sich selbst Streit genug mit seinem tierischen, bösen Fleisch und Blut. Er meinet immerdar, er sei ein großer Sünder, und fürchtet sich vor Gott; denn seine Sünden stehen offenbar und sind im Gerichte, denn die Verwirrung verschließt sie in sich, davon ihm der Zorn Gottes unter Augen schilt als einen Schuldigen. Aber die Liebe Christi dringt hindurch und vertreibt sie, wie der Tag die Nacht verschlingt.

2. Dem Gottlosen aber ruhen seine Sünden im Schlafe des Todes und grünen im Abgrunde aus und bringen Früchte in der Höllen.

3. Die Christenheit in Babel zankt um die Wissenschaft (das bloße formale theologische Wissen), wie man Gott dienen, ehren und erkennen soll, was er sei

nach seinem Wesen und Willen; und lehren schlicht, wer nicht in allen Stücken mit ihnen einig sei in der Wissenschaft und Meinung, der sei kein Christ, sondern ein Ketzer.

4. Nun wollte ich doch gerne sehen, wie man alle ihre Sekten sollte zusammen in eine bringen, die sich die christliche Kirche könnte nennen, weil sie allesamt nur Verächter sind, da je ein Haufe den andern lästert und für falsch ausschreit.

5. Ein Christ aber hat keine Sekte. Er kann mitten unter den Sekten wohnen, auch in ihrem Gottesdienst erscheinen, und hangt doch keiner Sekte an. Er hat nur eine einige Wissenschaft, die ist Christus in ihme. Er sucht nur einen Weg. Der ist die Begierde, daß er immerdar wollte gerne recht tun und leben, und stellt all sein Wissen und Wollen ins Leben Christi ein. Er ruft innerlich und wünschet immerdar, daß doch Gottes Wille in ihm möchte geschehen und sein Reich in ihme offenbar werden. Er tötet täglich und stündlich die Sünde im Fleisch; denn des Weibes Same, als der innere Mensch in Christo, zertritt stets dem Teufel in der Eitelkeit den Kopf, Gen. 3,15.

6. Sein Glaube ist eine Begierde zu Gott. Die hat er in die gewisse Hoffnung eingewickelt. Darin wagt ers auf die Worte der Verheißung. Er lebet und stirbet darinnen, und da er doch nach dem rechten Menschen nimmermehr stirbet. Denn Christus sagt auch also: Wer an mich glaubet, wird nimmermehr sterben (Joh. 11,25 f.), sondern ist vom Tode zum Leben hindurchgedrungen. Item: Es werden Ströme des lebendigen Wassers von ihm fließen (Joh. 7,38), als gute Lehre und Werke.

7. Darum, sage ich, ist alles Babel, was sich mitein-

ander beißet und um die Buchstaben zanket. Die Buchstaben stehen alle in einer Wurzel. Die ist der Geist Gottes, gleichwie die mancherlei Blumen alle in der Erde stehen und wachsen alle nebeneinander. Keine beißt sich mit der andern um die Farben, Geruch und Schmack. Sie lassen die Erde und Sonne, sowohl Regen und Wind, auch Hitze und Kälte mit sich machen, was sie wollen. Sie aber wachsen eine jede in ihre Essenz und Eigenschaft. Also ist auch mit den Kindern Gottes. Sie haben mancherlei Gaben und Erkenntnis, aber alle aus einem Geiste. Sie freuen sich nebeneinander der großen Wunder Gottes und danken dem Höchsten in seiner Weisheit. Was sollen sie lange um den zanken, in dem sie leben und sind, dessen Wesen sie selber sind?

8. Es ist die größte Torheit in Babel, daß der Teufel hat die Welt um die Religionen zankend gemacht, daß sie um selbstgemachte Meinung zanken, um die Buchstaben, da doch in keiner Meinung das Reich Gottes stehet, sondern in Kraft und der Liebe. Auch sagte Christus und ließ es seinen Jüngern zuletzt, sie sollten einander lieben. Dabei würde jedermann erkennen, daß sie seine Jünger wären, gleichwie er sie geliebt hätte (Joh. 13,34). Wenn die Menschen also sehr nach der Liebe und Gerechtigkeit trachteten als nach Meinungen, so wäre gar kein Streit auf Erden. Wir lebten als Kinder in unserm Vater und bedürften keines Gesetzes noch Ordens.

9. Denn mit keinem Gesetz wird Gott gedienet, allein mit Gehorsam. Die Gesetze sind wegen der Bösen, die nicht der Liebe und der Gerechtigkeit wollen, die werden mit Gesetzen getrieben und gezwungen. Wir haben alle einen einigen Orden. Der ist,

daß wir dem Herrn aller Wesen stille halten und unsern Willen ihme ergeben und lassen seinen Geist in uns wirken, spielen und machen, was er will. Und was er in uns wirket und offenbaret, das geben wir ihm wieder dar als seine Frucht.

10. So wir nun um die mancherlei Frucht, Gaben und Erkenntnis nicht zanketen, sondern erkenneten und untereinander als Kinder des Geistes Gottes, was wollte uns richten? Lieget doch das Reich Gottes nicht an unserm Wissen und Wähnen, sondern in der Kraft.

11. Wenn wir nicht halb so viel wüßten und wären viel kindlicher und lebten als Kinder einer Mutter als wie die Zweige an einem Baume, die alle von einer Wurzel Saft nehmen, so wären wir heiliger.

12. Das Wissen ist nur zu dem Ende, daß wirs lernen, weil wir haben die göttliche Kraft verloren in Adam und sind nun jetzt zum Bösen geneigt, daß wir es lernen erkennen, wie wir böse Eigenschaften in uns haben und daß das böse Tun Gott nicht gefällt, damit wir mit dem Wissen lernen recht tun. So wir aber die Kraft Gottes in uns haben und begehren von allen Kräften recht zu tun und recht zu leben, so ist das Wissen nur unser Spiel, darinnen wir uns erfreuen.

13. Denn das wahre Wissen ist die Offenbarung des Geistes Gottes durch die ewige Weisheit. Der weiß in seinen Kindern, was er will. Er gießt seine Weisheit und Wunder durch seine Kinder aus, gleichwie die Erde die mancherlei Blumen. So wir nun im Geiste Christi als demütige Kinder nebeneinander wohneten und erfreuete sich je einer des andern Gaben und Erkenntnis, wer wollte uns richten? Wer richtet die

Vögel im Walde, die den Herrn aller Wesen mit mancherlei Stimme loben, ein jeder aus seiner Essenz? Straft sie auch der Geist Gottes, daß sie nicht ihre Stimmen in eine Harmonie führen? Gehet doch ihr aller Hall aus seiner Kraft, und vor ihm spielen sie.

14. Darum sind die Menschen, so um die Wissenschaft und um Gottes Willen zanken und einander darum verachten, törichter denn die Vögel im Walde und die wilden Tiere, die keinen rechten Verstand haben. Sie sind vor dem heiligen Gott unnützer als die Wiesenblumen, welche doch dem Geist Gottes stillehalten und lassen ihn die göttliche Weisheit und Kraft durch sich offenbaren. Ja, sie sind ärger denn die Disteln und Dornen unter den schönen Blumen, welche doch stille stehen. Sie sind als die räuberischen Tiere und Vögel im Walde, welche die andern Vögel von deren Gesang und Lobe Gottes abschrecken.

15. In Summa: Sie sind des Teufels Gewächs im Zorne Gottes, die durch ihre Pein doch dem Herrn dienen müssen. Denn sie treiben mit ihrer Plag und Verfolgung den Saft durch die Essenz der Kinder Gottes aus, daß sie sich im Geiste Gottes bewegen mit Beten und emsigen Flehen, in welchem der Geist Gottes sich in ihnen bewegt; denn die Begierde wird dadurch geübt und auch die Kinder Gottes, daß sie grünen und Frucht bringen; denn in Trübsal werden Gottes Kinder offenbar nach der Schrift: Wenn du sie züchtigest, so rufen sie ängstlich zu dir (Jes. 26,16).

Das 8. Kapitel

Die ganze christliche Religion stehet in deme, daß wir uns lernen erkennen, was wir sind, von woher wir kommen sind, wie wir aus der Einigung in die Uneinigkeit, Bosheit und Ungerechtigkeit eingegangen, wie wir dieselbe haben in uns erweckt. Zum andern, wo wir in der Einigung sind gewesen, da wir Kinder Gottes waren. Zum dritten, wie wir jetzt in der Uneinigkeit sind, in dem Streit und Widerwillen. Zum vierten, wo wir hinwallen aus diesem zerbrechlichen Leben (Wesen). Wo wir mit dem Unsterblichen hin wollen und dann auch mit dem Sterblichen.

2. In diesen vier Punkten stehet unsere ganze Religion, zu lernen, aus der Uneinigkeit und Eitelkeit zu kommen und wieder in einen Baum, daraus wir in Adam alle kommen sind, einzugehen, welcher ist Christus in uns. Wir dürfen um nichts streiten, haben auch keinen Streit. Lerne ein jeder üben, wie er möge in die Liebe Gottes und seines Bruders eingehen.

3. Christi Testamenta sind durchaus anders nichts als eine brüderliche Verbindnis, daß sich Gott in Christo mit uns verbindet und wir mit ihme. Alles Lehren soll dahin gehen, auch alles Wollen und Tun. Was anders lehret und tut, das ist Babel und Fabel, nur ein Schnitzwerk der Hoffart, ein unnütz Gerichte und eine Irremachung der Welt, eine Gleißnerei des Teufels, damit er die Einfalt blendet.

4. Alles, was außer Gottes Geist lehret und hat nicht göttliche Erkenntnis und wirft sich doch zum Lehrer in Gottes Reich auf, und will Gott mit Lehren dienen, das ist falsch und dienet nur seinem Abgott Bauche

mit seinem stolzen, hoffärtigen Sinn, daß er will geehret sein und will heilig genannt sein. Er trägt ein erwählet Amt von Menschenkindern, welche ihm auch nur heucheln und ihn um Gunst willen dazu geordnet haben. Christus sprach: Wer nicht zur Tür in den Schafstall hineingehet, das ist: durch ihn, sondern steiget anderswo hinein, der ist ein Dieb und ein Mörder, und die Schafe folgen ihm nicht; denn sie kennen seine Stimme nicht, Joh. 10,1.5.

6. Das aufgeschriebene Wort ist nur ein Werkzeug, damit der Geist leitet. Das Wort, das da lernen will, muß in dem buchstabischen Halle sein, sonst ist keiner ein Lehrer Gottes, sondern nur ein Lehrer der Buchstaben, ein Wisser der Historien und nicht des Geistes Gottes in Christo. Alles, damit man Gott dienen will, muß im Glauben geschehen, das heißt im Geiste. Der macht das Werk völlig und vor Gott angenehm. Was der Mensch im Glauben anfängt und tut, das tut er im Geiste Gottes, welcher im Werke mitwirket. Das ist Gott angenehm; denn er hats selber gemacht und seine Kraft ist darinnen. Es ist heilig.

7. Was aber in der Selbheit ohne Glauben gemacht wird, das ist nur eine Figur oder Hülse eines rechten christlichen Werks.

8. Dienest du deinem Bruder und tust es nur zum Schein und giebest ihm ungerne, so dienest du nicht Gott; denn dein Glaube gehet nicht aus Liebe in die Hoffnung in deiner Gabe. Wohl dienest du deinem Bruder und er danket an seinen Teil, du aber segnest ihn nicht, denn du giebest ihm einen mürrischen Geist in deiner Gabe. Der gehet nicht in Gottes Geist in die Hoffnung des Glaubens ein. Darum ist deine Gabe nur halb gegeben und hast nur halben Lohn dafür.

9. Das gilt auch für das Nehmen. So einer im Glauben gibt in göttlicher Hoffnung, der segnet seine Gaben in seinem Glauben. Der sie aber undankbarlich empfähet und murret im Geiste, der verflucht sie beim Genuß. Also bleibet einem jeden das Seine. Was er säet, das erntet er auch ein.

10. Also auch im Lehramt. Was einer aussäet, das erntet er auch ein. Säet einer aus Christi Geist guten Samen, so keimt er in dem guten Herzen und trägt gute Frucht. In den Gottlosen aber, die des nicht fähig sind, wird der Zorn Gottes gerüget. Säet einer Zank, Verachtung, Übeldeutung, das nehmen alle gottlosen Menschen ein. Es bekleibet auch und trägt solche Frucht, da man einander spottet, verhöhnet, verleumdet, übeldeutet.

11. Aus welchem die große Babel geboren und ausgewachsen ist, da man aus Hoffart um die Historiam (die bloß äußerliche Vermittlung) der Rechtfertigung des argen Sünders vor Gott zanket und den Einfältigen irre und lüsternd macht, daß ein Bruder den andern um die Historien und Buchstabenwechseln willen verachtet und dem Teufel gibt.

12. Solche Lästerbälge dienen nicht Gott, sondern dem großen Bau der Uneinigkeit. Weil in allen Menschen im irdischen Fleische noch eine verderbte Sucht lieget, so wecken sie auch in den einfältigen Kindern Gottes den Greuel auf und machen Gottes Volk samt den Kindern der Bosheit lästernd, und sind nur Baumeister der großen Babel und der Welt, und soviel nütze als dem Wagen das fünfte Rad, ohne daß sie das höllische Gebäu aufrichten.

13. Darum ist den Kindern Gottes sehr nötig, daß sie ernstlich beten und diesen falschen Bau lernen

kennen, mit ihrem Gemüte davon auszugehen und nicht auch helfen aufbauen und die Kinder Gottes selber verfolgen, damit sie sich am Reiche Gottes aufhalten und verführet werden. Wie Christus zu den Pharisäern sprach: Wehe euch Pharisäer, ihr umziehet Land und Wasser, zu machen einen Judengenossen; und wenn er es worden ist, so macht ihr aus ihme ein Kind der Höllen zweifältig mehr denn ihr seid, Matth. 23,15. Welches wahrhaftig in den jetzigen Rotten und Sekten bei den Schreiern und Zanklehrern auch dergleichen geschieht.

14. Will derwowegen alle Kinder Gottes, welche gedenken Christi Glieder zu sein, vor solchem greulichen Zanke und Blutpauken, aus denen mir von Gott eröffneten Gaben treulich gewarnet haben, vom Bruderzanke auszugehen und nur schlicht nach der Liebe und Gerechtigkeit gegen alle Menschen zu trachten.

15. Denn ist einer ein guter Baum, so soll er auch gute Früchte tragen, ob er gleich bisweilen muß leiden, daß ihme die Säue seine Früchte auffressen, so soll er doch ein guter Baum bleiben und stets wollen mit Gott wirken, sich auch kein Böses lassen überwältigen. So steht er in Gottes Acker und trägt Früchte auf Gottes Tische, welche er ewig genießen wird. Amen.

Von wahrer Buße

Eine kurze Andeutung von dem Schlüssel zum Verstande göttlicher Geheimnis, wie der Mensch in sich zur göttlichen Beschaulichkeit gelangen möge.

Geschrieben den 9. Februar 1623.

Welcher Mensch zu göttlicher Beschaulichkeit in sich selber gelangen und in Christo mit Gott reden will, der folge diesem Prozeß, so kommt er dazu.

1. Er soll alle seine Sinnen und Vernunft samt aller Einbildung zusammen in einen Sinn raffen und eine solche starke Imagination sich konzentrieren sich selber zu betrachten, was er sei, indem ihn die Schrift Gottes Bild, Gen. 1,27; ja einen Tempel des Hl. Geistes, I. Kor. 6,19 nennet, der in ihm wohnet, und nennet ihn Christi Gliedmaß und bietet ihm Christi Fleisch und Blut zu einer Speise an.

2. So soll er sich in seinem Leben beschauen, ob er auch dieser großen Gnade würdig und dieses hohen Titels Christi fähig sei, und anheben, sein ganzes Leben zu betrachten, was er getan und wie er seine ganze Zeit zugebracht habe. Ob er sich auch in Christo befinde. Ob er auch in göttlichem Willen stehe oder wozu er geneigt sei. Ob er auch einigen Willen in sich finde, der sich herzlich nach Gott sehne und gerne selig sein wollte.

3. Und so er nun einen tief verborgenen Willen in sich findet, der da gerne wollte zu Gottes Gnade sich wenden, wenn er nur könnte. So wisse er, daß derselbe Wille das eingeleibte und im Paradeis nach

begangener Sünde eingesprochene Wort Gottes sei, daß ihn danach Gott Jehova als der Vater zu Christo zieht. Denn in unserer Eigenheit haben wir keinen Willen mehr zum Gehorsam.

4. Aber derselbe Zug des Vaters als die eingeleibte, eingesprochene Gnade, zieht alle Menschen, auch den allergottlosesten – wenn er nicht gar eine Distel ist und dem Zuge (d. h. im Prozeß) einen Augenblick still stehen will – von seiner falschen Wirkung.

5. Daß also kein Mensch an Gottes Gnade Ursach hat zu zweifeln, so er in sich eine Begierde findet, sich dereinst zu bekehren.

6. Derselbe spare es keinen Augenblick mehr, wie geschrieben steht: Heute, wenn ihr des Herrn Stimme höret, so verstocket euere Ohren und Herzen nicht (Hebr. 3,7).

7. Denn die Begierde zur Einmal-Bekehrung ist Gottes Stimme im Menschen, welche der Teufel mit seinen eingeführten Bildern verdeckt und aufhält, daß es von einem Tage und Jahr zum andern aufgeschoben wird, bis endlich die Seele zur Distel wird und die Gnade nicht mehr erreichen kann.

8. Dieser Mensch tue nur dies Ding in seiner sinnlichen Betrachtung und sehe seinen ganzen Lauf an und halte ihn gegen die Zehen Gebot Gottes und gegen die Liebe des Evangelii, das ihm gebietet, seinen Nächsten zu lieben als sich selber und daß er allein in Christi Liebe ein Gnadenkind sei, und sehe, wie weit er davon entfernt sei, und was seine tägliche Übung und Begierde sei. So wird ihn derselbe Zug des Vaters in Gottes Gerechtigkeit einführen und die eingemodelten Bilder in seinem Herzen weisen, die er für Gott geliebt, die er für seinen besten Schatz gehalten hat.

9. Diese Bilder werden sein: (1) Hoffart, sich selber zu lieben und von anderen geehret sein wollen. Desgleichen es wird sein ein Bild einer Sauen, das heißt der Geiz, der alles allein haben will; und hätte er die Welt und den Himmel, so will er auch die Hölle beherrschen, welcher mehr begehret als er zu dem zeitlichen Leben bedarf und keinen Glauben in sich zu Gott hat, sondern ist eine besudelte Sau, die alles begehret in sich zu ziehen. (3) Item, es wird in ihm sein ein Bild des Neides, das in andere Herzen sticht und andern nicht gönnet, falls sie mehr zeitliches Gutes und Ehren haben als er. (4) Item, es wird sein der Zorn, da sich der Neid als ein Gift darinnen erhebt und um geringer Ursach willen stoßen, schlagen, zürnen und sich rechtfertigen will. (5) Item, es werden ein Haufen, ja viel hundert irdische Tiere in ihm sein, die er liebet. Denn alles, was in der Welt ist, das liebet er und hat es an Christi Stelle gesetzet und ehret es mehr als Gott. Sehe er nur seine Worte an, wie sein Mund andere Menschen heimlich verleumdet und übel bei den Seinigen ausrichtet, oft übel ohne gewissen Grund nachredet, des Nächsten Unglück sich freuet und ihm dasselbe gönnet, welches alles Klauen und Krallen des Teufels und das Bild der Schlangen sind, das er in sich träget.

10. Da besehe er nun diese vor Gottes Wort im Gesetze und Evangelium, so wird er sehen, daß er mehr ein Tier und Teufel ist als ein wahrer Mensch, und wird klar sehen, wie diese eingebildet und angeerbete Bilder von Gottes Reich ihn aufhalten und abführen, daß ofte, wenn er gleich gerne Buße tun und zu Gott sich wenden und kehren wollte, diese Teufelsklauen ihn aufhalten und davon abführen und der

armen Seelen diese Larven den Anschein von Heiligkeit erwecken, daß sie in die Lust derselben wieder eingehet und in Gottes Zorn sitzen bleibet und endlich in Abgrund tritt, wenn ihr die Gnade und der Zug des Vaters verlischt.

11. Deme sagen wir unsern eigenen Prozeß, daß, sobald er dieser Tiere inne wird, er alsbald dieselbe Stunde und Minute sich in der Seelen also fasse und in einem Willen einführe, daß er wolle von dem tierischen Willen ausgehen und durch wahre Buße zu Gott sich wenden. Und ob er das in Kräften nicht vermag noch kann, so nehme er Christi Verheißungen in sich, da Christus sprach: Suchet, so werdet ihr finden, klopfet an, so wird euch aufgetan. Kein Sohn bittet den Vater ums Brot, der ihm einen Stein dafür biete oder um ein Ei, der ihm einen Skorpion biete. Könnt ihr, die ihr arg seid, euern Kindern gute Gaben geben, wie viel mehr wird mein Vater im Himmel den Hl. Geist geben denen, die ihn darum bitten, Luk. 11,13.

12. Diese Verheißung bildet er ihm in sein Herz; denn sie ist des Teufels und aller angeerbeten und eingemodelten Tiere Gift und Tod. Und komme alsbald dieselbe Stunde mit diesen eingebildeten, verheißenen Worten mit seinem Gebet vor Gott und bilde ihm zuvorhin alle die greulichen Tiere ein, von denen er selbst eines ist, und denke in sich anders nichts, denn daß er der besudelte Säuhirte (der verlorene Sohn von Luk. 15) sei, der all seines Vaters Gut und sein kindlich Recht mit diesen Säuen der Welt, mit den bösen Tieren vertan habe, daß er jetzo vor Gottes Angesicht anderst nicht stehe als ein elender, nacketer, zerlumpter Säuhirte, der seines Vaters Erbe mit der

Welt tierischer Bilder verhuret und verbuhlet habe und habe mehr keine Gerechtigkeit zu Gottes Gnade, sei derer auch nicht wert, viel weniger daß er ein Christ oder Gottes Kind genannt werde, und verzage auch an allen seinen guten Werken, die er jemals getan hat, denn sie sind nur aus blendendem Schein einer Gottseligkeit gegangen, damit der Menschenteufel ein Engel genannt sein will (2. Kor. 11,14). Denn ohne Glauben ists unmöglich, Gott gefallen, saget die Schrift (Hebr., 11,6).

13. Aber er verzage an göttlicher Gnade nicht, nur an sich selber und an seinem Können und Vermögen, und bücke sich in seiner Seelen aus allen Kräften vor Gott. Und ob gleich sein Herz spricht lauter Nein, oder: Harre noch, es ist heute nicht gut, oder: Deine Sünden sind zu groß, es mag nicht sein, daß du zur Huld Gottes kommest. Daß auch ihme in sich also Angst wird, daß er nicht zu Gott beten kann, auch weder Trost noch Kraft in sein Herze bekommt, daß ihm ist, als wäre seine Seele an Gott ganz blind und tot. So soll er doch stehen und Gottes Verheißung für eine gewisse, unfehlbare Wahrheit halten und mit untergeschlagenem Herzen zu Gottes Gnade seufzen und in seiner großen Unwürdigkeit derselben sich einergeben.

14. Und ob er wohl sich zu unwürdig achtet, als der ein Fremdling sei, dem das Erbe Christi nicht mehr gebühre, und er sein Recht verloren habe, so soll er sich aber fest einbilden, daß Christus sagte: Er wäre kommen, zu suchen und selig zu machen, das verloren ist, als den armen an Gott toten und blinden Sünder. Diese Verheißung bilde er ihm ein und mache ihm in sich einen solchen strengen Vorsatz, daß er von der

verheißenen Gnade Gottes in Christo nicht wolle ausgehen, sollte ihm gleich Leib und Seele zerspringen. Und ob er alle sein Lebetage keinen Trost in sein Herze zur Vergebung erlangen sollte, so sei Gottes Zusage doch beständiger als aller Trost, der ihm widerfahren möchte.

15. Auch nehme er sich vor und schließe seinen Willen also hart in seinen Vorsatz, daß er nicht mehr wolle in die alten tierischen Bilder und Laster eingehen, und sollten alle seine Säue und Tiere um ihren Hirten trauren, sollte er auch gleich darum aller Welt Narr sein, so wolle er doch beständig in seinem Vorsatze und an Gottes Gnadenverheißung bleiben. Sei er aber ein Kind des Todes, so wolle er in Christi Zusagung in Christi Tode sein und ihm sterben und leben, wie er wolle. Er richte nur seinen Vorsatz in stetes Gebet und Seufzen zu Gott und ergebe ihm alle seine Anfänge und Tun in seiner Hände Werke, und sei von der Einbildung des Geizes, Neides und der Hoffart stille. Er übergebe nur diese drei Tiere, so werden die andern gar balde auch anheben, schwach und krank zu werden und sich zum Sterben nahen. Denn Christus wird bald in seinen verheißenen Worten, welche er ihm (dem Menschen) einbildet und sich darein hüllet, eine Gestalt zum Leben bekommen, und wird in ihm anheben zu wirken, darin sein Gebet wird kräftiger werden, und wird je länger je mehr im Geiste der Gnaden gestärket werden.

16. Gleichwie ein Same zum Kinde in Mutterleibe wirket und wächset unter vielen Anstößen der Natur und auswendigen Zufällen, bis daß das Kind sein Leben im Mutterleibe bekommt, also gehet es auch allhie zu. Je mehr der Mensch von sich aus den Bildern

ausgehet, die ihn von seiner Bestimmung ablenken, je mehr gehet er in Gott ein, bis solang Christus in der eingeleibten Gnade lebendig wird, welches geschieht in großem Ernst des Vorsatzes. So gehet alsobald die Vermählung mit Jungfrau Sophien an, da die zwei (Sophia und die Seele) Liebe einander in Freuden empfahen und mit gar inniglicher Begierde in die allersüßeste Liebe Gottes miteinander eindringen. Allda in kurzer Frist die Hochzeit des Lammes bereitet ist (Offb. 19,7), da Jungfrau Sophia, als die würdige Menschheit Christi mit der Seelen vermählet wird. Und was allda geschehe und was für Freuden allda gehalten werden, deutet Christus mit der großen Freude über den bekehrten Sünder, welche im Himmel im Menschen vor Gottes Augen und allen heiligen Engeln gehalten werden, vor neunundneunzig Gerechten, die der Buße nicht bedürfen, Luk. 15,7.

17. Dazu wir weder Feder noch Worte haben zu schreiben oder zu reden, was die süße Gnade Gottes in Christi Menschheit sei, und was denen widerfahre, welche würdig zu des Lammes Hochzeit kommen, welche wir in unserm eigenen Prozeß selber erfahren haben und wissen, daß wir unsers Schreibens wahren Grund haben. Welchen wir unsern Brüdern in der Liebe Christi herzlich gerne mitteilen wollten. Wenn es möglich wäre, daß sie unserem treuen kindlichen Rat glauben wollten, sie würdens in sich erfahren, wovon diese einfältige Hand die großen Geheimnisse verstehe und wisse.

18. Weil wir denn vorhin einen ganz ausführlichen Traktat von der Buße und neuen Wiedergeburt geschrieben haben [gemeint ist ein erstes Kapitel, das als selbständige Schrift gedacht war], so lassen wir es

allhier nur bei einer Andeutung bleiben und weisen den Leser daselbst hin, sowohl in das große Werk über Genesis [Böhmes »Mysterium Magnum« 1623]. Da wird er allen Grund dessen finden. Und vermahnen ihn christlich, uns nachzufahren in diesem Prozeß, so wird er zu göttlicher Beschaulichkeit in sich selber kommen und hören, was der Herr durch Christum in ihm saget. Und empfehlen ihn hiermit der Liebe Christi.

Vom übersinnlichen Leben

Wie die Seele möge zu göttlicher Anschauung und Gehör kommen und was ihre Kindheit in dem natürlichen und übernatürlichen Leben sei, und wie sie aus der Natur in Gott und wieder aus Gott in die Natur der Selbheit eingehe, auch was ihre Seligkeit und Verderben sei.

Der Jünger sprach zum Meister: Wie mag ich kommen zu dem übersinnlichen Leben, daß ich Gott sehe und höre reden? – Der Meister sprach: Wenn du dich magst einen Augenblick in das schwingen, da keine Kreatur wohnet, so hörest du, was Gott redet.

2. Der Jünger sprach: Ist das nahe oder ferne? – Der Meister sprach: Es ist in dir, und so du magst eine Stunde schweigen von allem deinem Wollen und Sinnen, so wirst du unaussprechliche Worte Gottes hören.

3. Der Jünger sprach: Wie mag ich hören, so ich von Sinnen und Wollen stille stehe? – Der Meister sprach: Wenn du von Sinnen und Wollen deiner Selbheit stille stehest, so wird in dir das ewige Hören, Sehen und Sprechen offenbar, und höret und siehet Gott durch dich. Dein eigen Hören, Wollen und Sehen verhindert dich, daß du Gott nicht siehest noch hörest.

4. Der Jünger sprach: Womit soll ich Gott hören und sehen, so er über Natur und Kreatur ist? – Der Meister sprach: Wenn du stille schweigest, so bist du das, was Gott vor Natur und Kreatur war, daraus er deine Natur und Kreatur schuf. So hörest und siehest

du es mit deme, damit Gott in dir sahe und hörete, ehe dein eigen Wollen, Sehen und Hören anfing.

5. Der Jünger sprach: Was hält mich dann auf, daß ich nicht dahin kommen mag? – Der Meister sprach: Dein eigen Wollen, Hören und Sehen, daß du wider das strebest, daraus du kommen bist. Mit deinem eigenen Wollen brichst du dich von Gottes Wollen ab, und mit deinem eigenen Sehen siehst du nur in dein Wollen. Und dein Wollen verstopfet dir das Gehör mit Eigensinnlichkeit irdischer, natürlicher Dinge und verführet dich in einen Grund ein und überschattet dich mit deme, das du willst, auf daß du nicht magst zu dem Übernatürlichen, Übersinnlichen kommen.

6. Der Jünger sprach: So ich in Natur stehe, wie mag ich aber durch die Natur in den übersinnlichen Grund kommen ohne Zerbrechung der Natur? – Der Meister sprach: Dazu gehören drei Dinge. Das erste ist, daß du deinen Willen Gott ergebest und dich zu Grund in seine Barmherzigkeit ersenkest. Das ander ist, daß du deinen eigenen Willen hassest und nicht tust, wozu dich dein Wille treibet. Das dritte ist, daß du dich dem Kreuze unsers Herrn Jesu Christi in Geduld unterwerfest, auf daß du die Anfechtung der Natur und Kreatur ertragen mögest. Und so du das tust, so wird dir Gott einsprechen und deinen gelassenen Willen in sich in den übernatürlichen Grund einführen. So wirst du hören, was der Herr in dir redet.

7. Der Jünger sprach: So müßte ich die Welt und mein Leben verlassen, so ich das täte? – Der Meister sprach: So du die Welt verlässest, so kommest du in das, daraus die Welt gemachet ist. Und so du dein Leben verlierest und in Ohnmacht deines Vermögens

kommest, so stehet es in deme, um des willen du es verlässest, das heißt in Gott, daraus es in Leib kam.

8. Der Jünger sprach: Gott hat den Menschen in das natürliche Leben geschaffen, daß es herrsche über alle Kreaturen auf Erden und ein Herr sei über alles Leben in dieser Welt; darum so muß er es ja als frei verfügbares Eigentum besitzen. – Der Meister sprach: Ists daß du allein äußerlich über die Kreaturen herrschest, so bist du mit deinem Willen und Herrschung in tierischer Art und stehest nur in bildlicher, vergänglicher Herrschung. Auch führest du deine Begierde in tierische Essenz, davon du infizieret und gefangen wirst und auch tierische Art bekommest. Ists aber, daß du die bildliche Art verlassen hast, so stehest du in der Überbildlichkeit und herrschest im Grunde über alle Kreaturen, aus deme sie geschaffen sind, und mag dir auf Erden nichts schaden; denn du bist mit allen Dingen gleich und ist dir nichts ungleich.

9. Der Jünger sprach: O lieber Meister, lehre mich doch, wie ich unmittelbar dahin kommen möge, daß ich allen Dingen gleich sei. – Der Meister sprach: Gerne, gedenke an die Worte unsers Herrn Jesu Christi, da er sprach: Es sei denn, daß ihr umkehret und werdet als die Kinder, sonst sollt ihr Gottes Reich nicht sehen, Matth. 18,3. Ists nun, das du tun willst, allen Dingen gleich werden, so mußt du alle Dinge verlassen und deine Begierde von ihnen abwenden und sie nicht begehren noch dich um das annehmen zu einem Eigentum zu besitzen, das etwas ist. Denn sobalde du das Etwas in deine Begierde fassest und zum Eigentum in dich einlässest und nimmst, so ist das Etwas ein Ding mit dir und wirket mit dir in deinem Willen. So bist du schuldig, dasselbe zu be-

schirmen und dich dessen anzunehmen als deines eigenen Wesens. So du aber nichts in deine Begierde einnimmst, so bist du von allen Dingen frei und herrschest zugleich auf einmal über alle Dinge. Denn du hast nichts in deiner Annehmlichkeit und bist allen Dingen ein Nichts, und sind dir auch alle Dinge ein Nichts. Du bist als ein Kind, das nicht verstehet, was ein Ding ist. Und ob du es ja verstehest, so verstehest du es ohne Berührung deiner Empfindlichkeit auf Art, wie Gott alle Dinge beherrschet und siehet und ihn doch kein Ding begreifet. Das du aber sprachst: Ich sollte dich lehren wie du dazu kommen möchtest, so siehe an die Worte Christi, der da sprach: Ohne mich könnet ihr nichts tun, Joh. 15,5. Du kannst in eignem Vermögen nicht zu solcher Ruhe kommen, daß dich keine Kreatur berühre, es sei denn, daß du dich in das Leben unsers Herrn Jesu Christi ganz einergebest und dein Wollen und Begierde ganz übergebest und ohne ihn nichts wollest, so stehest du mit deinem Leibe in der Welt in den Eigenschaften und mit deiner Vernunft unter dem Kreuze unsers Herrn Christi. Aber mit deinem Willen wandelst du im Himmel und stehest an dem Ende, da alle Kreaturen herkommen sind und dahin sie wieder gehen. So magst du mit der Vernunft alles äußerlich schauen und mit dem Gemüte innerlich, und mit Christo, deme alle Gewalt gegeben ist im Himmel und auf Erden, in und über alle Dinge herrschen, Matth. 28,18.

10. Der Jünger sprach: O Meister, die Kreaturen, welche in mir leben, halten mich, daß ich mich nicht kann ganz ergeben, wie gern ich wollte. – Der Meister sprach: So dein Wille von den Kreaturen ausgehet, d.h. sich entfernt, so sind die Kreaturen in dir

verlassen und sind in der Welt, und ist nur dein Leib bei den Kreaturen. Du aber wandelst geistlich mit Gott. Und so dein Wille die Kreaturen verlässet, so sind die Kreaturen in ihme gestorben und leben nur in dem Leibe in der Welt. Und so sich der Wille nicht in sie einführet, so mögen sie die Seele nicht berühren. Denn St. Paulus saget: Unser Wandel ist im Himmel, Phil. 3,20. Desgleichen, ihr seid Tempel des Heiligen Geistes, der in euch wohnet, I. Kor. 6,19. So wohnet nun der Hl. Geist im Willen und die Kreaturen im Leibe.

11. Der Jünger sprach: So der Hl. Geist im Willen des Gemütes wohnet, wie mag ich mich verwahren, daß er nicht von mir weichet? – Der Meister sprach: Höre die Worte unsers Herrn Jesu Christ, der sprach: So ihr an meiner Rede bleibet, so bleiben meine Worte in euch (Joh. 8,31). Ists, wenn du mit deinem Willen in den Worten Christi bleibest, so bleibet sein Wort und Geist in dir. Ists aber, daß dein Wille in die Kreaturen gehet, so hast du dich von ihme gebrochen, so magst du dich anders nicht verwahren. Du bleibest dann stets in gelassener Demut und begebest dich in eine immerwährende stete Buße, daß dich immer reue, daß Kreaturen in dir leben. So du das tust, so stehest du im täglichen Sterben der Kreaturen und in täglicher Himmelfahrt nach dem Willen.

12. Der Jünger sprach: O lieber Meister, lehre mich doch, wie ich möge in eine solche stetswährende Buße kommen. – Der Meister sprach: Wenn du das verlässest, das dich liebet, und liebest das, das dich hasset, so magst du immerdar darinnen stehen.

13. Der Jünger sprach: Was ist das? – Der Meister sprach: Deine Kreaturen in Fleisch und Blut, ebenso

alle diejenigen welche die lieben, die lieben dich, weil dein Wille dieselben pfleget. Die muß der Wille verlassen und für Feinde halten. Und das Kreuz unsers Herrn Jesu Christi mit der Welt Spott hassest du, das mußt du lernen lieben und zu täglicher Übung deiner Buße nehmen, so wirst du stets Ursache haben, dich mit der Kreatur zu hassen und die ewige Ruhe zu suchen, darinnen dein Wille mag ruhen, wie Christus sprach: In mir habet ihr Ruhe, aber in der Welt habet ihr Angst (Joh. 16,31).

14. Der Jünger sprach: Wie mag ich mich in solcher Anfechtung erholen? – Der Meister sprach: Wenn du dich alle Stunden einmal außer allen Kreaturen über alle sinnliche Vernunft in die allerlauterste Barmherzigkeit Gottes, in das Leiden unsers Herrn Jesu Christi einschwingest und dich darein ergibst, so wirst du Kraft bekommen über Sünde, Tod, Teufel, Hölle und Welt zu herrschen, so magst du in aller Anfechtung bestehen.

15. Der Jünger sprach: Wie möchte mir armen Menschen wohl geschehen, so ich mit dem Gemüte dahin gelangen möchte, da keine Kreatur ist? – Der Meister sprach gar gütig zu ihm: O lieber Jünger, wäre es, daß sich dein Wille möchte eine Stunde von aller Kreatur abbrechen und dahin schwingen, da keine Kreatur ist, er würde überkleidet mit dem höchsten Glanz der Herrlichkeit Gottes und würde in sich schmecken die allersüßeste Liebe unsers Herrn Jesu Christi, die kein Mensch aussprechen mag; und in sich empfinden die unaussprechlichen Worte unsers Herrn Jesu Christi von seiner großen Barmherzigkeit. Er würde in sich fühlen, daß ihme das Kreuz unsers Herrn Christi in ein sanftes Wohltun gewandelt

würde und würde daselbe lieber gewinnen als der Welt Ehre und Gut.

16. Der Jünger sprach: Wie würde aber dem Leibe geschehen, weil er in der Kreatur leben muß? – Der Meister sprach: Der Leib würde in die Nachfolge unsers Herrn Christi gestellt werden, welcher sprach: Sein Reich wäre nicht von dieser Welt. Er würde anheben, von außen und innen zu sterben; von außen der Welt der Eitelkeit und bösen Taten, und würde aller Üppigkeit gram und feind werden; von innen aller böser Lust und Neigung. Und würde gar einen neuen Sinn und Willen bekommen, welcher stets zu Gott gerichtet wäre.

17. Der Jünger sprach: Die Welt würde ihn aber darum hassen und verachten, weil er ihr widersprechen müßte und anders leben und anders tun als sie. – Der Meister sprach: Dessen wird er sich nicht annehmen, als ob ihm Leid geschähe, sondern wird sich freuen, daß er würdig worden ist, dem Bilde unsers Herrn Christi ähnlich zu werden, und solches Kreuz unserm Herrn gar gerne nachtragen wollen, daß er ihm nur seine allersüßeste Liebe dafür einflöße.

18. Der Jünger sprach: Wie würde ihm aber geschehen, wenn ihn Gottes Zorn von innen und die böse Welt von außen angriffe, wie unserm Herrn Christo geschahe? – Der Meister sprach: Ihm geschehe wie unserm Herrn Christo. Als er von der Welt und den Priestern verspottet und gekreuzigt ward, da befahl er seine Seele dem Vater in seine Hände und schied von der Angst dieser Welt in die ewige Freude. Also würde er (der Jünger) auch von aller Welt Spott und Angst in sich selber in die große Liebe Gottes eindringen und durch den allersüßesten Namen JESUS erquicket und

erhalten werden und in sich eine neue Welt sehen und empfinden, welche durch Gottes Zorn durchdringe. Darein würde er seine Seele wickeln und alles gleich achten. Der Leib sei gleich in der Hölle oder auf Erden, so sei sein Gemüte doch in der größten Liebe Gottes.

19. Der Jünger sprach: Wie würde aber sein Leib in der Welt ernähret und wie wollte er die Seinen ernähren, so aller Welt Ungunst auf ihn fiele? – Der Meister sprach: Er bekommt eine größere Gunst als die Welt nicht vermag, denn er hat Gott und alle seine Engel zu Freunden. Die beschützen ihn in aller Not. Auch so ist Gott sein Segen in allen Dingen. Und ob sichs anließe, als wollte er nicht, so ist es nur eine Probe und Liebe-Zug, daß er destomehr zu Gott beten soll und ihme alle seine Wege befehlen.

20. Der Jünger sprach: Er verlieret aber alle seine guten Freunde und ist niemand mit ihme, der ihm in Nöten beisteht. Der Meister sprach: Er bekommt das Herz aller guten Freunde zum Eigentum, und verlieret nur seine Feinde, welche zuvorhin seine Eitelkeit und Bosheit geliebet haben.

21. Der Jünger sprach: Wie geschieht das, daß er seine guten Freunde zum Eigentum bekommt? – Der Meister sprach: Er bekommt aller derer Seelen zu Brüdern und Gliedern seines Lebens, welche unserm Herrn Jesum angehören; denn Gottes Kinder sind in Christo nur einer, der ist Christus in allen. Darum bekommt er sie alle zu leiblichen Gliedern in Christo; denn sie haben die himmlischen Güter allgemein und leben in einer Liebe Gottes wie die Äste des Baumes von einem Safte. Auch mags ihme an äußerlichen natürlichen Freunden nicht mangeln wie unserm

Herrn Christo. Ob ihn gleich nicht wollten die Hohenpriester und Gewaltigen der Welt lieben, welche ihm nicht angehöreten und nicht seine Glieder und Brüder waren, so liebeten ihn aber diese, welche seiner Worte fähig waren. Also auch würden ihn diese lieben, welche die Wahrheit und Gerechtigkeit lieben und sich zu ihme gesellen, wie Nikodemus zu Jesus bei der Nacht (Joh. 3), welcher in seinem Herzen Jesum liebet wegen der Wahrheit, und äußerlich sich vor der Welt scheute. Also wird er viel guter Freunde haben, welche ihm nicht bekannt sind.

22. Der Jünger sprach: Es ist aber gar schwer, von aller Welt verachtet zu sein. – Der Meister sprach: Was dir jetzt scheint schwer zu sein, das wirst du hernach am meisten lieben.

23. Der Jünger sprach: Wie mag das sein oder geschehen, daß ich liebe, was mich verachtet? – Der Meister sprach: Jetzt liebest du irdische Weisheit. Wenn du aber überkleidet bist mit himmlischer, so siehest du, daß alle Welt nur deinen Feind hasset, als das sterbliche Leben, das du selber auch hassest in deinem Willen; so hebest du an, solche Verachtung des sterblichen Leibes auch zu lieben.

24. Der Jünger sprach: Wie mag aber das beieinander stehen, daß sich ein Mensch liebe und auch hasse? – Der Meister sprach: Was du dich liebest, das liebest du dich nicht als eine Deinheit, sondern als eine gegebne Liebe Gottes. Du liebest den göttlichen Grund in dir, dadurch du Gottes Weisheit und Wunderwerke samt deinen Brüdern liebest. Was du dich aber hassest, das tust du nach der Deinheit, in welcher dir das Böse anhanget. Das tust du, daß du gerne wollest die Ichheit gar zerbrechen und sie dir würde

zu einem ganz göttlichen Grunde. Die Liebe hasset die Ichheit, darum daß die Ichheit ein tödlich Ding ist, und mögen nicht wohl beisammenstehen; denn die Liebe besitzet den Himmel und wohnet in sich selber. Aber die Ichheit besitzet die Welt samt ihren Wesen, und wohnet auch in sich selber. Gleichwie der Himmel die Welt beherrschet und die Ewigkeit die Zeit, also auch herrschet die Liebe über das natürliche Leben.

25. Der Jünger sprach: Lieber Meister, sage mir doch, warum muß Liebe und Leid, Freund und Feind beisammenstehen. Wäre es nicht besser nichts als Liebe? – Der Meister sprach: Wenn die Liebe nicht in Leid stünde, so hätte sie nichts, das sie lieben könnte. Weil aber ihr Wesen, das sie liebet, nämlich die arme Seele, in Leid und Pein stehet, so hat sie Ursache, ihr eigen Wesen zu lieben und das von Pein zu erretten, auf daß sie wieder geliebet werde. Auch möchte nicht erkannt werden, was Liebe wäre, so sie nicht hätte, daß sie möchte lieben.

26. Der Jünger sprach: Was ist die Liebe in ihrer Kraft und Tugend, und in ihrer Höhe und Größe. – Der Meister sprach: Ihre Tugend ist das Nichts und ihre Kraft ist durch alles. Ihre Höhe ist so hoch als Gott und ihre Größe ist größer als Gott. Wer sie findet, der findet nichts und alles.

27. Der Jünger sprach: O lieber Meister, sage mir doch, wie ich das verstehen mag? – Der Meister sprach: Daß ich sprach, ihre Tugend sei das Nichts, das verstehest du, wenn du von aller Kreatur ausgehest und aller Natur und Kreatur ein Nichts wirst, so bist du in dem ewigen Ein, das ist Gott selber, so empfindest du der Liebe höchste Tugend. Daß ich

aber sagte: ihre Kraft ist durch alles, das empfindest du in deiner Seelen und Liebe, so die große Liebe in dir angezündet wird, so brennet sie als kein Feuer vermag.

Auch siehest du alles ausgegossen und in allen Dingen der innerste und äußerste Grund ist. Innerlich nach der Kraft und äußerlich nach der Gestalt. Und daß ich ferner sprach: Ihre Höhe ist so hoch als Gott, das verstehest du in dir selber, daß sie dich in sich so hoch führet als Gott selber ist, wie du das kannst an unserm lieben Herrn Christo nach unserer Menschheit sehen, welchen die Liebe hat bis in den höchsten Thron in die Kraft der Gottheit geführet. Daß ich aber auch gesprochen, ihre Größe wäre größer als Gott, das ist auch wahr, denn wo Gott nicht wohnet, da gehet die Liebe hinein; denn da unser lieber Herr Christus in der Höllen stund, so war die Hölle nicht Gott, aber die Liebe war da und zerbrach den Tod.

Auch wenn dir Angst ist, so ist Gott nicht die Angst, aber seine Liebe ist da und führet dich aus der Angst in Gott. Wenn Gott in dir sich verbirget, so ist die Liebe da und offenbaret ihn in dir. Und daß ich weiter gesaget: Wer sie findet, der findet nichts und alles, das ist auch wahr, denn er findet einen übernatürlichen, übersinnlichen Ungrund, da keine Stätte zu ihrer Wohnung ist, und findet nichts, das ihr gleich sei. Darum kann man sie mit nichts vergleichen, denn sie ist tiefer als Seiendes. Darum ist sie allen Dingen ein Nichts, weil sie nicht faßlich ist. Und darum, daß sie nichts ist, so ist sie von allen Dingen frei und ist das einige Gute, das man nicht sprechen mag, was es sei. Daß ich aber endlich sage: Er finde alles, wer sie findet, das ist auch wahr. Sie ist aller Dinge Anfang gewesen und beherrschet alles. So du sie findest, so kommest du in den Grund, daraus alle Dinge sind herkommen und darinnen sie stehen und bist in ihr ein König über alle Werke Gottes.

28. Der Jünger sprach: Lieber Meister, sage mir doch, wo wohnet sie im Menschen? – Der Meister sprach: Wo der Mensch nicht wohnet, da hat sie ihren Sitz im Menschen.

29. Der Jünger sprach: Wo ist das, da der Mensch in sich selber nicht wohnet? – Der Meister sprach: Das ist die bis auf den Grund gelassene Seele, da die Seele ihres eigenen Willens erstirbet und selber nichts mehr will, ohne was Gott will, da wohnet sie. Denn so viel der eigene Wille sich selber tot ist, so viel hat sie die Stätte eingenommen, da zuvorhin eigener Wille saß, da ist jetzt nichts. Und wo nichts ist, da ist Gottes Liebe alleine wirkende.

30. Der Jünger sprach: Wie mag ich sie aber fassen ohne Sterben meines Willens? – Der Meister sprach: Ists, daß du sie willst fassen, so fliehet sie von dir. So du dich ihr aber ganz und gar ergibst, so bist du dir nach deinem Willen tot und sie wird alsdann das Leben deiner Natur. Sie tötet dich nicht, sondern machet dich lebendig nach ihrem Leben. Alsdann lebest du, aber nicht deinem, sondern ihrem Willen; denn dein Wille wird ihr Wille. So bist du dir alsdann tot und lebest aber Gotte.

31. Der Jünger sprach: Wie daß sie so wenig Menschen finden und hätten sie doch alle gerne? – Der Meister sprach: Sie suchen sie alle in etwas als in bildlicher Meinung (d.h. im Abbild statt in der Realität) in eigener Begierde. Dazu haben sie fast alle eine natürliche Lust. Obwohl sie sich anbietet, so findet sie

doch keine Stätte in ihnen, denn die Bildlichkeit eigenen Willens hat sich an ihre Stätte gesetzt. So will sie die Bildlichkeit eigener Lust in sich haben. Aber sie flieht davon, denn sie wohnet allein im Nichts. Darum finden sie sie nicht.

32. Der Jünger sprach: Was ist ihr Amt im Nichts? – Der Meister sprach: Das ist ihr Amt, daß sie ohne Unterlaß ins Etwas eindringet. Und so sie im Etwas mag eine Stätte finden, die stille stehet, die nimmt sie ein und erfreuet sich mit ihrer feuerflammenden Liebe mehr darinnen als die Sonne in der Welt. Ihr Amt ist, daß sie ohne Unterlaß im Etwas ein Feuer anzünde und das Etwas verbrenne und sich damit überhitze.

33. Der Jünger sprach: O lieber Meister, wie verstehe ich das? – Der Meister sprach: Ists, daß sie in dir mag ein Feuer anzünden, so wirst du das fühlen, wie sie deine Ichheit verbrennet und sich deines Feuers also hoch erfreuet, daß du dich eher ließest töten, als daß du wieder in dein Etwas eingingest. Auch ist ihre Flamme so groß, daß sie nicht von dir ließe, ob es gleich dein zeitlich Leben gilt, so gehet sie mit dir in ihrem Feuer in Tod. Und ob du in die Hölle führest, sie zerbräche die Hölle um deinetwillen.

34. Der Jünger sprach: Lieber Meister, ich kann nicht mehr ertragen, weil ich irritiert bin; wie mag ich den nähesten Weg zu ihr finden? – Der Meister sprach: Wo der Weg am härtesten ist, da gehe hin, und was die Welt wegwirft, des nimm dich an; und was sie tut, das tue du nicht. Wandele der Welt in allen Dingen zuwider, so kommst du den nächsten Weg zu ihr.

35. Der Jünger sprach: Ists, daß ich in allen Dingen zuwider wandele, so muß ich ja in nichts als Not und Unruhe stehen; auch würde ich als töricht erkannt

werden. – Der Meister sprach: Ich heiße dich nicht, jemanden Leides tun. Allein die Welt liebet nur Trug und Eitelkeit und wandelt auf falschem Wege. Und so du in allen Dingen ihrem Wege ein Gegenspiel sein willst, so wandle alleine auf rechtem Wege; denn der rechte Weg ist allen ihren Wegen zuwider. Daß du aber sagest, du würdest in eitel Angst stehen, das geschiehet nach dem Fleisch. Das gibt dir Ursache zu steter Buße. Und in solcher Angst ist die Liebe am allerliebsten mit ihrem Feuer-Aufblasen (Verstärkung des Feuers). Daß du auch sagst, du würdest für töricht erkannt werden, das ist wahr; denn der Weg zur Liebe Gottes ist der Welt eine Torheit und aber den Kindern Gottes eine Weisheit. Wenn die Welt solch Liebefeuer in Gottes Kindern stehet, so saget sie, sie sind töricht worden. Aber den Kindern Gottes ist es der größte Schatz, den nie kein Leben aussprechen kann, auch nie kein Mund nennen mag, was da sei Feuer der inflammenden Liebe Gottes, welche weißer ist denn die Sonne und süßer denn kein Honig und kräftiger denn keine Speise und Trank, auch lieblicher denn alle Freude dieser Welt. Wer dieses erlanget, ist reicher denn kein König auf Erden und edler als kein Kaiser sein mag und stärker denn alle Macht.

36. Der Jünger fragte ferner den Meister: Wo fähret die Seele dann hin, wenn der Leib stirbet, sie sei selig oder verdammt? – Der Meister sprach: Sie bedarf keines Ausfahrens, sondern das äußere, tödliche Leben samt dem Leibe scheiden sich nur von ihr. Sie hat Himmel und Hölle zuvor in sich, wie geschrieben stehet: Das Reich Gottes kommt nicht mit äußerlichen Gebärden, man wird auch nicht sagen: Siehe hie oder da ist es, denn sehet, das Reich Gottes ist

inwendig in euch (Luk. 17,21). Welches in ihr offenbar wird, entweder der Himmel oder die Hölle, darinnen stehet sie (die Seele).

37. Der Jünger sprach: Fähret sie dann nicht in Himmel oder Hölle ein, wie man in ein Haus eingehet oder wie man durch ein Loch in eine andere Welt eingehet? – Der Meister sprach: Nein, es ist kein Einfahren auf solche Weise; denn Himmel und Hölle ist überall gegenwärtig. Es ist nur eine Einwendung des Willens, entweder in Gottes Liebe oder Zorn. Und solches geschieht bei Zeit des Leibes, davon St. Paulus saget: Unser Wandel ist im Himmel; und Christus spricht: Meine Schafe hören meine Stimme, und ich kenne sie, und sie folgen mir, und ich gebe ihnen das ewige Leben, und niemand wird sie mir aus meiner Hand reißen, Joh. 10,27.28.

38. Der Jünger sprach: Wie geschieht dann solch Eingehen des Willens in Himmel oder Hölle? – Der Meister sprach: Wenn sich der Wille zu Grunde Gott ergibt, so ersinket er außer seiner selber, außer allem Grunde und Stätte, da allein Gott offenbar ist, wirket und will. So wird er ihm selber ein Nichts nach seinem eigenen Willen. Alsdann wirket und will Gott in ihm, und wohnet Gott in seinem gelassenen Willen, dadurch wird die Seele geheiliget, daß sie in göttliche Ruhe kommt. Wenn nun der Leib zerbricht, so ist die Seele mit göttlicher Liebe durchdrungen und mit Gottes Licht durchleuchtet, wie das Feuer ein Eisen durchglühet, davon es seine Finsternis verlieret. Das ist die Hand Christi, da Gottes Liebe die Seele ganz durchwohnet und in ihr ein scheinend Licht und neues Leben ist, so ist sie im Himmel und ein Tempel des Hl. Geistes, und ist selber Gottes Himmel, darin-

nen er wohnet. Aber die gottlose Seele will in dieser Zeit nicht in göttlicher Gelassenheit ihres Willens gehen, sondern gehet nur stets in eigene Lust und Begierde, in die Eitelkeit und Falschheit, in des Teufels Willen. Sie fasset nur Bosheit, Lügen, Hoffart, Geiz, Neid und Zorn in sich und ergiebet ihren Willen darein. Dieselbe Eitelkeit wird in ihr auch offenbar und wirkende und durchdringet die Seele ganz und gar wie ein Feuer das Eisen. Diese kann zu göttlicher Ruhe nicht kommen, denn Gottes Zorn ist in ihr offenbar. Und so sich nun der Leib von der Seele scheidet, so gehet ewig Reuen und Verzweifeln an, denn sie empfindet, daß sie ist ein nichts als solcher ängstlicher Greuel worden und schämet sich, daß sie sollte mit ihrem falschen Willen zu Gott eindringen. Ja sie kann auch nicht, denn sie ist im Grimm gefangen und ist selber ein eitel Grimm, und hat sich damit eingeschlossen durch ihre falsche Begierde, welche sie in sich hat erwecket. Und weil Gottes Licht nicht in ihr scheinet und seine Liebe sie nicht berühret, so ist sie eine große Finsternis und eine peinliche, ängstliche Feuerqual und träget die Hölle in sich, und kann das Licht Gottes nicht sehen. Also wohnet sie in sich selber in der Hölle, und es bedarf keines Einfahrens. Denn wo sie innen ist, so ist sie in der Hölle, und ob sie sich viel hunderttausend Meilen könnte von ihrer Stätte schwingen, so ist sie doch in solcher Qualität und Finsternis.

39. Der Jünger sprach: Wie denn, daß die Hl. Seele in dieser Zeit solch Licht und große Freude nicht mag vollkommen empfinden, und der Gottlose die Hölle auch nicht fühlet, weil beides im Menschen ist und je eines im Menschen wirket? – Der Meister sprach: Das

Himmelreich ist in den Heiligen in ihrem Glauben wirkende und empfindlich. Sie fühlen Gottes Liebe in ihrem Glauben, dadurch sich der Wille in Gott ergibt. Aber das natürliche Leben ist mit Fleisch und Blut umgeben und steht im Gegensatz des Zornes Gottes, mit der eiteln Lust dieser Welt umgeben, welche das äußere sterbliche Leben stets durchdringet, da auf einer Seiten die Welt und auf der anderen Seiten der Teufel und auf der dritten Seiten der Fluch des Zornes Gottes im Fleisch und Blut das Leben durchdringet und sichtet, dadurch die Seele oft in Angst stehet, wenn also die Hölle auf sie dringet und sich in ihr will offenbaren. Sie aber ersinket in die Hoffnung göttlicher Gnade ein und stehet als eine schöne Rose mitten unter den Dornen, bis dieser Welt Reich von ihr fällt im Sterben des Leibes. Alsdann wird sie erst recht in Gottes Liebe offenbar, wenn sie nichts mehr hindert. Sie muß diese Zeit mit Christo in dieser Welt wandeln. Christus erlöset sie aus ihrer eigenen Höllen, indem er sie mit seiner Liebe durchdringet und bei ihr in der Höllen stehet und ihre Hölle in Himmel wandelt. Daß du aber sprachest, warum der Gottlose in dieser Zeit die Hölle nicht fühlet, sage ich: Er fühlet sie wohl in seinem falschen Gewissen, aber verstehet das nicht, denn er hat noch die irdische Eitelkeit, mit der er sich beliebet, daran er Freude und Wollust hat. Auch hat das äußere Leben noch das Licht der äußern Natur, darinnen sich die Seele belustiget, daß also die Peinigung nicht mag offenbar werden. Wenn aber der Leib stirbet, so kann die Seele solcher zeitlichen Wollust nicht mehr genießen, und ist ihr auch das Licht der äußern Welt verloschen. Alsdann stehet sie in ewigem Durste und Hunger nach solcher Eitelkeit, mit welcher sie sich allhie hat befreundet und kann aber nichts erreichen als nur solchen falschen eingefaßten Willen, dessen sie in diesem Leben zu viel gehabt und sich doch nicht lassen begnügen. Dessen hat sie alsdann zu wenig. Darum ist sie in ewigem Hunger und Durst nach Eitelkeit, Bosheit und Leichtfertigkeit. Sie wollte immerdar gerne noch mehr Böses tun, und hat aber nichts, darinnen oder damit sie das kann vollbringen. So geschieht solches Vollbringen nur in ihr selber. Und solcher höllische Hunger und Durst kann eher nicht ganz offenbar in ihr werden, bis ihr der Leib stirbt, mit dem sie hat also in Wollust gebuhlet, welcher ihr zugefügete, wonach sie lüsterte.

40. Der Jünger sprach: Weil Himmel und Hölle in dieser Zeit in uns im Streite und uns Gott also nahe ist, wo wohnen dann die Engel und Teufel in solcher Zeit? – Der Meister sprach: Wo du nach deiner Selbheit und eigenem Wille nicht wohnest, da wohnen die Engel bei dir und überall. Und wo du nach deiner Selbheit und eigenem Willen wohnest, da wohnen die Teufel bei dir und überall.

41. Der Jünger sprach: Ich verstehe das nicht. – Der Meister sprach: Wo Gottes Wille in einem Dinge will, da ist Gott offenbar. In solcher Offenbarung wohnen auch die Engel. Und wo Gott in einem Dinge nicht mit des Dinges Willen will, so ist Gott allda ihm nicht offenbar, sondern wohnet nur in sich selber ohne Mitwirkung desselben Dinges. Allda ist in dem Dinge eigener Wille ohne Gottes Willen, und da wohnet der Teufel und alles, was außer Gott ist.

42. Der Jünger sprach: Wie ferne ist dann Himmel und Hölle voneinander? – Der Meister sprach: Wie Tag und Nacht und wie Seiendes und Nichts. Sie sind

ineinander, und ist je eins dem andern wie ein Nichts, und bedürfen doch einander zur Freude und Leid. Der Himmel ist durch die ganze Welt und außer der Welt überall ohne alle Trennung, Ort oder Stätte, und wirket durch göttliche Offenbarung nur in sich selber. Und in deme, das darein kommt oder in deme, darinnen er offenbar wird, allda ist Gott offenbar. Denn der Himmel ist anders nichts als eine Offenbarung des ewigen Eins, da alles in stiller Liebe wirket und will. Und die Hölle ist auch durch die ganze Welt, wohnet und wirket auch nur in sich selber und in deme, darinnen der Höllen Fundament offenbar wird, das heißt in Selbheit und falschem Willen. Die sichtbare Welt hat dieses beides in sich. Aber der Mensch nach dem zeitlichen Leben (der sterbliche Mensch) ist allein aus der sichtbaren Welt. Darum siehet er diese Zeit des äußeren Lebens die geistliche Welt nicht. Denn die äußere Welt mit ihrem Wesen ist eine Decke vor der geistlichen Welt, gleichwie die Seele mit dem Leibe bedeckt ist. Wenn aber der äußere Mensch stirbet, so wird die geistliche Welt nach der Seelen offenbar, entweder nach ewigem Lichte bei den hl. Engeln oder ewiger Finsternis bei den Teufeln.

43. Der Jünger sprach: Was ist dann ein Engel oder die Seele des Menschen, daß sie also mögen in Gottes Liebe oder Zorn offenbar werden? – Der Meister sprach: Sie sind aus gleichem Urstande, ein Stück aus göttlicher Wissenschaft, göttlichen Willens, entsprungen aus göttlichem Worte und geführet in einen Gegenwurf göttlicher Liebe. Sie sind aus dem Grunde der Ewigkeit, daraus Licht und Finsternis entspringet, als in der Annehmlichkeit eigener Begierde ist die Finsternis, und in gleichem Wollen mit Gott das Licht.

Da der Wille der Ichheit der Seelen mit Gott will, da ist Gottes Liebe im Wirken. Und in der Selbst-Annehmlichkeit des seelischen Wollens wirket Gottes Wille strafend, und ist eine Finsternis, auf daß das Licht erkannt werde. Sie sind anders nichts als eine Offenbarung göttlichen Willens, entweder in Licht oder Finsternis der geistlichen Welt Eigenschaft.

44. Der Jünger sprach: Was ist dann der Leib eines Menschen? – Der Meister sprach: Er ist die sichtbare Welt, ein Bild und Wesen alles dessen, was die Welt ist, und die sichtbare Welt ist eine Offenbarung der innern geistlichen Welt aus dem ewigen Lichte und aus der ewigen Finsternis, aus dem geistlichen Gewirke. Und ist ein Gegenwurf der Ewigkeit, mit dem sich die Ewigkeit hat sichtbar gemacht, da eigener Wille und gelassener Wille untereinander wirket als Böses und Gutes. Ein solches Wesen ist auch der äußere Mensch; denn Gott schuf den äußern Menschen aus der äußern Welt und blies ihm die innere geistliche Welt zu einer Seelen und verständigem Leben ein. Darum kann die Seele in der äußern Welt Wesen Böses und Gutes annehmen und wirken.

45. Der Jünger sprach: Was wird denn nach dieser Welt sein, wenn das alles vergehet? – Der Meister sprach: Es höret nur das materialische Wesen auf, nämlich die vier Elementa, die Sonne, Mond und Sternen. Alsdann wird die innere geistliche Welt ganz sichtbar und offenbar. Was aber in dieser Zeit ist durch den Geist gewirket worden, es sei böse oder gut, da wird sich ein jedes Werk geistlicher Art nach entweder in das Licht oder in die ewige Finsternis scheiden. Denn was aus jedem Willen geboren ist, das dringet wieder in seine Entsprechung ein. Und da

wird die Finsternis die Hölle genannt, als eine ewige Vergessung alles Guten. Und das Licht wird das Reich Gottes genannt, als eine ewige Freude und ein ewiges Lob der Heiligen, da sie sind von solcher Pein erlöset worden. Das endliche Gerichte ist eine Anzündung des Feuers nach Gottes Liebe und Zorn. Darinnen vergehet die Materia aller Wesen und wird ein jedes Feuer das Seine, als das Wesen seiner Gleichheit in sich ziehen. Als was in Gottes Liebe ist erboren, das zieht das Liebe-Feuer Gottes in sich, darinnen es auch wird nach der Liebe Art brennen und sich demselben Wesen selber einergeben. Was aber in Gottes Zorn nach der Finsternis ist gewirket worden, das zeucht die Peinlichkeit in sich und verzehret das falsche Wesen; alsdann so bleibet nur der peinliche Wille in eigener Bildung und Form.

46. Der Jünger sprach: In welcher Materia oder Gestalt werden unsere Leiber auferstehen? – Der Meister sprach: Es wird gesäet ein natürlicher, grober und elementarischer Leib (vgl. I. Kor. 15,44), der ist in dieser Zeit den äußern Elementen gleich. Und in demselben groben Leibe ist die subtile Kraft, gleichwie in der Erden eine subtile gute Kraft ist, welche sich mit der Sonnen vergleichet und einiget, welche auch im Anfange der Zeit aus göttlicher Kraft entsprungen ist, daraus auch die gute Kraft des Leibes ist genommen worden. Diese gute Kraft des sterblichen Leibes soll in schöner, durchsichtiger, kristallinischer, materialischer Eigenschaft in geistlichem Fleische und Blute wiederkommen und ewig bleiben oder leben. Wie denn auch die gute Kraft der Erden, da dann die Erde wird auch kristallinisch sein und das göttliche Licht wird in allen Wesen leuchten. Und wie die grobe Erde

vergehen und nicht wiederkommen soll, also auch soll das grobe Fleisch des Menschen vergehen und nicht ewig leben. Aber vor das Gericht muß alles und im Gerichte durch das Feuer geschieden werden, beides, die Erde und die Asche des menschlichen Leibes. Denn wenn Gott wird die geistliche Welt noch einst bewegen, so zeucht ein jeder Geist sein geistliches Wesen wieder an sich. Als ein guter Geist und Seele zeucht ihr gutes Wesen an sich und ein böser ein böses. Man muß aber nur eine wesentliche materialische Kraft verstehen, da das Wesen nichts als Kraft ist gleich einer materialischen Tinktur, da die Grobheit vergehet an allen Dingen.

47. Der Jünger sprach: So werden wir nicht mit den sichtbaren Leibern aufstehen und darinnen ewig leben? – Der Meister sprach: Wenn die sichtbare Welt vergehet, so vergehet alles das mit, was äußerlich ist gewesen, das aus ihr ist herkommen. Von der Welt bleibet nur die himmlische, kristallinische Art und Form. Also auch vom Menschen bleibet nur die geistliche Erde; denn der Mensch wird der geistlichen Welt, welche jetzo noch verborgen ist, ganz gleich sein.

48. Der Jünger sprach: Wird auch ein Mann und Weib sein im geistlichen Leben oder Kinder oder Blutsfreunde? Wird sich auch einer zum andern gesellen wie allhie geschehen ist? – Der Meister sprach: Wie bist du so fleischlich gesinnet! Es ist allda kein Mann noch Weib, sondern alle nur gleich den Engeln Gottes, das heißt männliche Jungfrauen, weder Tochter, Sohn, Bruder noch Schwester, sondern alle eines Geschlechtes in Christo, alle nur einer wie ein Baum in seinen Ästen, und doch eigenständige Kreaturen, aber

Gott alles in allem. Er wird ja eine geistliche Erkenntnis sein, was ein jeder gewesen ist und was er getan hat, aber es ist keine Annehmlichkeit oder Begierde zur Annehmlichkeit solches Wesens mehr da.

49. Der Jünger sprach: Werden sie auch alle gleich der ewigen Freude und Glorifizierung genießen? – Der Meister sprach: Die Schrift spricht: Welch ein Volk das ist, einen solchen Gott hat es auch. Item: Bei den Heiligen bist du heilig und bei den Verkehrten verkehret, Psalm 18,26.27.
Und St. Paulus schreibet: Sie werden einander übertreffen in der Auferstehung wie Sonne, Mond und Sternen, I. Kor. 15,41. So wisse nun, daß sie ja werden alle göttlicher Wirkung genießen, aber ihre Kraft und Erleuchtung wird gar ungleich sein. Alles, nachdem ein jeder wird in dieser Zeit in seinem ängstlichen Wirken sein mit Kraft angetan worden; denn das ängstliche Wirken der Kreatur dieser Zeit (vgl. Röm. 8,19) ist eine Eröffnung und Gebärung göttlicher Kraft, dadurch Gottes Kraft beweglich und wirkend wird. Welche nun in dieser Zeit mit Christo haben gewirket und nicht in Fleischeslust, die werden eine große Kraft und schöne Verklärung in sich und an sich haben. Die andern aber, welche nur auf eine zugerechnete Genugtuung alleine gewartet und unterdessen dem Bauch-Gott gedienet und sich doch endlich bekehret haben und zur Huld kommen sind, diese werden nicht so große Kraft und Erleuchtung haben. Darum wird es mit diesen ein Unterschied sein wie mit Sonne, Mond und Sternen und den Wiesenblumen in ihrer Schönheit, Kraft und Tugend.

50. Der Jünger sprach: Wie oder durch wen soll die Welt gerichtet werden? – Der Meister sprach: Mit

göttlicher Bewegung durch die Person und Geist Christi, der wird durch das Wort Gottes, das Mensch ward, von sich scheiden das Christum nicht angehöret, und wird sein Reich in dem Orte, wo diese Welt stehet, ganz offenbaren; denn die Bewegnis der Scheidung geschieht überall zugleich.

51. Der Jünger sprach: Wo werden denn die Teufel und alle Verdammten hingeworfen werden, wenn der Ort dieser ganzen Welt das Reich Christi ist und glorifiziert werden soll? Werden sie außer den Ort dieser Welt getrieben werden oder wird Christus seine Herrschaft außer dem Ort dieser Welt haben und offenbaren? – Der Meister sprach: Die Hölle bleibet im Orte dieser Welt an allen Enden, aber dem Himmelreich verborgen, wie die Nacht im Tage verborgen ist. Das Licht wird ewig in die Finsternis scheinen, und die Finsternis kann das nicht ergreifen (Joh. 1,5). So ist das Licht das Reich Christi und die Finsternis ist die Hölle, darinnen die Teufel und Gottlosen wohnen. Also werden sie vom Reiche Christi unterdrückt und zum Fußschemel, als zum Spotte gesetzt werden.

52. Der Jünger sprach: Wie werden alle Völker vor das Gericht gestellet werden? – Der Meister sprach: Das ewige Wort Gottes, daraus alles geistliche, kreatürliche Leben ist hervorgegangen, beweget sich zu der Stunde nach Liebe und Zorn in allem Leben, was aus der Ewigkeit ist, und zieht die Kreatur vor das Urteil Christi. Durch solche Bewegnis des Wortes wird das Leben in allen seinen Werken offenbar, und wird ein jeder sein Urteil und Gerichte in sich sehen und empfinden; denn das Gerichte wird in des menschlichen Leibes Absterben alsbald in der Seelen offenbar. Das Endurteil ist nur eine Wiederkunft des

geistlichen Leibes und eine Scheidung der Welt, da am Wesen der Welt und am Leibe soll das Böse vom Guten geschieden werden, ein jedes Ding in seinen ewigen Eingang und Behalter. Und es gibt eine Offenbarung der Verborgenheit Gottes in allem Wesen und Leben.

53. Der Jünger sprach: Wie wird das Urteil gefället? – Der Meister sprach: Da siehe an die Worte Christi, der wird sprechen zu denen zu seiner Rechten: Kommt her, ihr Gesegneten meines Vaters, ererbet das Reich, das euch bereitet ist von Anbeginn der Welt! Denn ich bin hungerig gewesen und ihr habet mich gespeiset; ich bin durstig gewesen und ihr habet mich getränket; ich bin ein Gast gewesen und ihr habet mich beherberget; ich bin nacket gewesen und ihr habet mich bekleidet; ich bin krank und gefangen gewesen und ihr habet mich besuchet und seid zu mir kommen. Und sie werden ihm antworten: Wann haben wir dich hungerig, durstig, einen Gast, nackend, krank und gefangen gesehen und haben dir also gedienet? Und der König wird antworten und zu ihnen sagen: Was ihr getan habet einem unter diesen meinen geringsten Brüdern, das habet ihr mir getan. Und zu den Gottlosen zur Linken wird er sagen: Gehet hin von mir, ihr Verfluchten, in das ewige Feuer, das bereitet ist dem Teufel und seinen Engeln. Ich bin hungerig, durstig, ein Gast, nacket, krank und gefangen gewesen, und ihr habet mir nicht gedienet. Und sie werden ihm auch antworten und zu ihm sprechen: Wann haben wir dich also gesehen und haben dir nicht gedienet? Dann wird er ihnen antworten: Wahrlich, ich sage euch, was ihr nicht getan habet einem unter diesen Geringsten, das habet ihr mir auch nicht

getan. Und sie werden in die ewige Pein gehen, aber die Gerechten in das ewige Leben, Matth. 25,34-46.

54. Der Jünger sprach: Lieber Meister, sage mir doch, warum saget Christus: Was ihr diesen Geringsten getan habet, das habet ihr mir getan, und was ihr ihnen nicht getan habet, das habet ihr mir auch nicht getan? Wie tut man Christo solches, daß es ihm selber geschehe? – Der Meister sprach: Christus wohnet wesentlich im Glauben derer, die sich ihm ganz ergeben und gibt ihnen sein Fleisch zur Speise und sein Blut zum Trank, und besitzt also den Grund ihres Glaubens nach der Inwendigkeit des Menschen. Darum denn ein Christ eine Rebe an seinem Weinstocke und ein Christ genannt wird, daß Christus geistlich in ihm wohnet. Und was man nun einem solchen Christen in seinen leiblichen Nöten tut, das tut man Christo selber, welcher in ihm wohnet. Denn ein solcher Christ ist nicht sein eigen, sondern ist Christo ganz ergeben und dessen Eigentum. Darum so geschieht es Christo selber. Und wer nun eine Hand von solchem notleidenden Christenmenschen abzieht und ihn nicht in Nöten dienen will, der stößet Christum von sich weg und verachtet ihn in seinen Gliedern. Wenn dich ein armer Mensch bittet, der Christum angehöret, und du versagest es ihm, in seiner Notdurft, so hast du es Christo selber versaget. Und was man einem solchen Christenmenschen zuleide tut, das tut man Christo selber. Wenn man einen solchen Menschen spottet, verhöhnet, lästert und von sich stößet, das alles tut man Christo selber. Wer ihn aber aufnimmt, speiset, tränket, kleidet und in Nöten beispringet, der tut es Christo und seines eigenen

Leibes Glieder, ja er tut es ihm selber, so er ein Christ ist; denn Christo sind wir nur einer, wie der Baum in seinen Ästen.

55. Der Jünger sprach: Wie wollen dann diese bestehen am Tage solchen Gerichts, welche den Armen, Elenden also quälen und ihme seinen Schweiß aussaugen, ihn drängen und mit Gewalt an sich ziehen und für ihren Fußabstreifer achten, nur zu dem Ende, daß sie eigenmächtig und seinen Schweiß in Wollust mit Hoffart und Üppigkeit verzehren? – Der Meister sprach: Diese alle tun es in Christo selber und gehören in sein strenges Urteil; denn sie legen ihre Hände also an Christum, verfolgen ihn in seinen Gliedern und helfen daneben dem Teufel, sein Reich mehren, und ziehen den Armen durch solch Drängen von Christo ab, daß er auch einen leichtfertigen Weg suchet, seinen Bauch zu füllen. Ja, sie tun anders nichts als der Teufel selbst tut, welcher ohne Unterlaß dem Reiche Christi in der Liebe widerstehet. Denn alle, so sich nicht von ganzem Herzen zu Christo bekehren und ihm dienen, müssen in das höllische Feuer gehen, da nichts als solche Eigenheit innen ist.

56. Der Jünger sprach: Wie werden dann diese bestehen, welche in dieser Zeit also um das Reich Christi streiten und einander darum verfolgen, schänden, schmähen und lästern? – Der Meister sprach: Diese alle haben Christum noch nie erkannt und stehen auch nur in der Figur, wie Himmel und Hölle miteinander um die Überwindung streitet. Alles Aufsteigen der Hoffart, da man nur um Meinungen streitet, ist ein Bild des Eigentums. Welcher nicht den Glauben und die Demut hat und in Christi Geist stehet, der ist nur mit dem Zorne Gottes gewappnet

und dienet der Überwindung der bildlichen Eigenheit, als dem Reiche der Finsternis und dem Zorne Gottes. Denn alle Eigenheit wird am Gerichtstage der Finsternis gegeben werden. Also auch ihr unnützes Gezänke, dadurch sie keine Liebe suchen, sondern nur bildliche (d.h. die Glaubenshingabe verfehlende) Eigenheit, sich in Meinungen sehen zu lassen und dadurch die Fürsten um solche bildliche Meinungen zu Kriegen verursachen und mit ihren Bildern Land und Leute stürmen und verwüsten. Diese alle gehören in das Gerichte zum Scheiden, das Falsche vom Rechten. Da werden alle Bilder und Meinungen aufhören und werden alle Kinder Gottes in der Liebe Christi wandeln und er in uns. Alles was in dieser Zeit des Streits nicht im Geiste Christi eifert und allein die Liebe begehret zu fördern, sondern Eigennutz im Streit suchet, das ist vom Teufel und gehöret in die Finsternis und wird von Christo geschieden werden. Denn im Himmel dienet alles in Demut Gott, seinem Schöpfer.

57. Der Jünger sprach: Warum lässet es dann Gott in dieser Zeit geschehen, daß solcher Streit ist? – Der Meister sprach: Das Leben stehet im Streite, auf daß es offenbar, empfindlich, erfahrbar und die Weisheit schiedlich und erkannt werde, und dienet zur ewigen Freude der Überwindung. Denn in den Heiligen in Christo wird ein großes Lob daraus entstehen, daß Christus in ihnen die Finsternis und alle Eigenheit der Natur überwunden hat und sie vom Streite erlöset sind. Dessen werden sie sich ewig erfreuen, wenn sie erkennen werden, wie es den Gottlosen vergolten wird. So lässet nun Gott alle Dinge im freien Willen stehen, auf daß die ewige Herrschaft nach Liebe und Zorn, nach Licht und Finsternis offenbar und erkannt

werde und ein jedes Leben sein Urteil in sich selber Ursache und erwecke. Denn was jetzo den Heiligen in ihrem Elende ein Streit und Pein ist, das wird ihnen in große Freude verwandelt werden. Und was den Gottlosen eine Lust und Freude in dieser Welt ist, das wird ihnen in ewige Pein und Schande verkehret werden. Und darum muß den Heiligen ihre Freude aus dem Tode entstehen, gleichwie das Licht aus der Kerzen durch das Sterben und Verzehren im Feuer entstehet, auf daß das Leben also der Peinlichkeit der Natur los werde und eine andere Welt besitze. Gleichwie das Licht gar andere Eigenschaft hat als das Feuer und sich selber gibt, und das Feuer aber sich selber nimmt und frisset, also auch grünet das heilige Leben der Sanftmut durch den Tod aus, da der eigene Wille erstirbet und alleine Gottes Liebe-Wille alles in allem regieret und tut. Denn also hat das Ewige eine Empfindlichkeit und Schiedlichkeit angenommen und sich wieder durch den Tod mit der Empfindlichkeit in großem Freudenreich ausgeführet, auf daß ein ewiges Spiel in der unendlichen Einheit sei und eine ewige Ursache zum Freudenreich. So muß nun die Peinlichkeit ein Grund und Ursache sein zu solcher Bewegnis. Und in diesem liebet das Mysterium der verborgenen Weisheit Gottes.

Wer da bittet, der empfähet; wer da suchet, der findet; und wer da anklopfet, dem wird aufgetan (Matth. 7,7).

Die Gnade unseres Herrn Jesu Christi und die Liebe Gottes und die Gemeinschaft des Hl. Geistes sei mit uns allen. Amen.

Zur Textgestalt

Die hier gebotenen Texte sind in vollständigem Wortlaut, mit Kommentar versehen, enthalten in: Jakob Böhme, Christosophia. Ein christlicher Einweihungsweg. Herausgegeben von Gerhard Wehr, Insel Verlag Frankfurt am Main und Leipzig 1992. Dieser Band ist ein Teilband der fünfbändigen Schriften-Ausgabe von Jakob Böhme: Aurora oder Morgenröte im Aufgang (insel taschenbuch 1411); Christosophia (insel taschenbuch 1412); Von der Menschwerdung Jesu Christi (insel taschenbuch 1737); Von der Gnadenwahl (insel taschenbuch 1738); Theosophische Sendbriefe (insel taschenbuch 1786).

Insel Clips

Insel-Clip 1
Epiktet · Wege zum glücklichen Handeln

Insel-Clip 2
Raymond Radiguet · Den Teufel im Leib

Insel-Clip 3
Marc Aurel · Selbstbetrachtungen

Insel-Clip 4
Martin Walser · Ein fliehendes Pferd

Insel-Clip 5
Seneca für Gestreßte

Insel-Clip 6
Max Frisch · Halten Sie sich für einen guten Freund?

Insel-Clip 7
Lao-tse · Tao-te-king

Insel-Clip 8
Hermann Hesse · Klingsors letzter Sommer

Insel-Clip 9
Zen · Sprüche und Leitsätze der Zen-Meister

Insel-Clip 10
Jurek Becker · Die beliebteste Familiengeschichte

Insel-Clip 11
Goethe · Ob ich Dich liebe weiß ich nicht

Insel-Clip 12
Isabel Allende · Eine Rache

Insel Clips

Insel-Clip 13
Jakob Böhme · Von der neuen Wiedergeburt

Insel-Clip 14
Augustinus · Liebe und tu, was du willst

Insel-Clip 15
Franz Kafka · Die Verwandlung

Insel-Clip 16
Cicero · Von den Pflichten

Insel-Clip 17
Isabel Allende · Geschenk für eine Braut

Insel-Clip 18
Goethe für Gestreßte

Insel-Clip 19
Max Frisch · Skizze eines Unglücks

Insel-Clip 20
Rainer Maria Rilke · Die schönsten Gedichte

Insel-Clip 21
Bertolt Brecht · Geschichten vom Herrn Keuner

Insel-Clip 22
Boccaccio · Erotische Geschichten

Insel-Clip 23
Karl Kraus · In zweifelhaften Fällen entscheide man sich für das Richtige

Insel-Clip 24
Hermann Hesse · Kinderseele